W0176940

EDITION BELLETRISTIK

panik/paradies
CARL-CHRISTIAN ELZE

Quartheft 86 · Edition Belletristik
1. Auflage
ISBN 978-3-910320-01-7
© 2023 Verlagshaus Berlin
Chodowieckistraße 2, 10405 Berlin
Alle Rechte vorbehalten.

www.verlagshaus-berlin.de

GEDICHTE: Carl-Christian Elze
ILLUSTRAT.ONEN: Nele Brönner
LEKTORAT: Jo Frank
GESTALTUNG & SATZ: Typografie · im · Kontext
KORREKTORAT: André Schinkel
SCHRIFT: Kinesis Pro 3, Grenze, Brandon Grotesque
BUCHDRUCK & -BINDUNG: Druckerei Totem / Printed in Poland, 2023
PAPIER: 90 g/m² Amber Graphic / 250 g/m² Iceblink weiß

WEITERE TITEL VON CARL-CHRISTIAN ELZE IM VERLAGSHAUS BERLIN:
langsames ermatten im labyrinth / ISBN 978-945832-28-8
diese kleinen, in der luft hängenden, bergpredigenden gebilde / ISBN 978-3-945832-14-1
aufzeichnungen eines albernen menschen / ISBN 978-3-940249-83-8

Das Verlagshaus Berlin wurde 2022, 2020 und 2019 mit dem Deutschen Verlagspreis sowie 2018 mit dem Förderpreis des ersten Berliner Verlagspreises ausgezeichnet.

Alle Titel, die im Verlagshaus Berlin erscheinen, werden im Literaturarchiv Marbach, im Lyrik Kabinett München und in der Deutschen Nationalbibliothek archiviert.

Das individuelle Leben ist eine serialisierte kapitalistische Miniaturkrise,
ein Desaster, das Deinen Namen trägt.
BRIAN MASSUMI

Nur der Mensch kann über etwas sprechen,
das gar nicht existiert, und noch vor dem Frühstück
sechs unmögliche Dinge glauben.
YUVAL NOAH HARARI

Sometimes I wonder if I could very well be the luckiest boy in the world.
KURT COBAIN

CAPUT I

mysophobia

1

das kind kann sich nicht mehr die hose ausziehen
am abend, es macht einen versuch mit zitternden fingern
am beinloch und scheitert, das kind kann sich nicht
mehr seine reeboks zubinden, die schönen neuen
noch immer strahlend weißen, über die es so
glücklich war noch vor wenigen wochen, das kind
kann sich nicht mehr den mund abwischen
nach dem essen, das ihm immer noch schmeckt
das kind kann nicht mehr die türklinken herunterdrücken
auch nicht zu hause, es nimmt die ellbogen zu hilfe
rutscht ab und versucht es erneut, entwickelt
geschick, aber niemand applaudiert, das kind
kann nicht mehr den schlüssel berühren, ihn im schloss
umdrehen, es ruft wie ein ertrinkender, zappelt
und schreit, das kind kann nicht mehr auf seinem sitzsack
sitzen, fläzen, sein liebster platz in seinem zimmer
in seinem verwandelten, verwunschenen, verhexten
zimmer, es macht einen bogen um ihn, einen sicherheits-
bogen, der täglich größer wird, immer größer
das kind will sich nicht mehr streicheln lassen
am kopf, an der wange, an der stirn
immer befürchtet es einen einbruch von dreck
in seinen mund, zuckt zusammen
duckt sich weg.

das kind wäscht sich
wäscht sich jeden einzelnen finger
wäscht sich mehrmals jeden einzelnen finger
eine minute, zwei minuten, schrubbt sich
seine rauen rissigen hände wie ein großer chirurg.
aber was will es operieren, das kind?
es will die sorge herausoperieren aus seinem körper
die angst herausschneiden aus seinem kopf
seinem flatternden kindsein, auch wenn sie
nachwächst wie unkraut, wie warzen
wie haifischzähne. aber waschen ist schneiden
und schneiden ist ruhe, ist pause
pause im kopf. weniger erdbeben, lawinen.
weniger wirbelstürme, tsunamis. weniger blitzschlag.
weniger tränen der mutter und weniger zorn
des vaters über die immergleichen, irrwitzigen
paranoiden, ängstlichen fragen. weniger
zerstörung. weniger zerstörung der familie.
das kind wäscht sich jeden einzelnen finger
wäscht sich mehrmals jeden einzelnen finger
eine minute, zwei minuten, drei minuten
schrubbt sich seine rauen rissigen hände wie ein großer
chirurg. immer wieder will es sich operieren
das kind, sucht es das andere kind, das frühere
kind, das kaum denkende kind, das sorglose
kind in einem weiß glänzenden waschbecken.
jetzt wieder voller asche und schlamm.
voller dreck.

überall stempel in einer welt aus dreck.
berührt dich die welt, bist du bestempelt.
jede schuhsohle ein stempel, jeder finger   **11**
ein stempel, jede hand ein stempel, jeder mund.
der verborgene inhalt des taschentuchs
auf dem gehweg, dann auf der sohle   Ī
dann auf der treppe, dem teppich, der socke
dem spielzeug, dem stofftier, der hand.
am ende im mund. immer im mund.
die hölle im mund. im kopf. amygdala:
die stempelnde spinne in der mitte
des netzes. immer dichter die maschen
immer enger. die verblassende kippe
dicht an der haustür, dann auf der sohle
dann auf der treppe, dem teppich, der socke
dem spielzeug, der hand. am ende im mund.
immer im mund. die hölle im mund.
im kopf. amygdala: die ranzige spinne
und ihre stempel. immer mehr stempel:
verschmierungen der kindlichen welt.
ein kleiner verlorener, der seinen augen
nicht länger traut, nur noch den stempeln
unsichtbaren schluchten. – amygdala!
bitte lass ihn doch frei.
bitte lass ihn doch frei!

der vater sucht. sucht ununterbrochen.
sucht einen zauberspruch, sucht einen bannspruch
sucht einen segen. nichts erwachsenes hilft.
keine fakten. alle fakten werden zu fake news
im twitternden arsch dieser angst.
diese angst besteht nur aus arsch im gehirn
eines kindes. dort sitzt sie mit ihren aufgeblasenen
fettwülstigen backen
und erdrückt alle pflanzen der ruhe
alle blumen der freude. immer alarm.
immer ein furz aus dem spalt dieses arsches.
ernährt sich von panik und schweiß.
jede arschfalte eine gespensterbahn
jede arschfalte ein weinendes kind auf der flucht.
der vater hat alles versucht, alles vernünftige.
aber dieser arsch sitzt fest. sitzt so fest
im zentrum des achtjährigen blühenden
wimmernden kopfes. ein saugnapf galaktischer
stärke hält den arsch auf der schüssel.
ein zauberspruch muss her, ein bannspruch, ein segen.
der vater sitzt still, genau hier, an diesem tisch
in dieser zeile, und wartet auf worte:
wartet auf worte wie geschenke, wartet auf worte
wie raketen, wartet auf worte wie ein schwarzes loch
eine singularität muss her, in der ein arsch

dieser größe verschwindet wie ein kekskrümel
im saugrohr eines staubsaugers
hält die angel in den laptop, genau hier
scheucht das weiß auf, genau hier
beobachtet den schwimmer, den cursor, genau hier.
nichts bewegt sich. stundenlang nichts. ī
dann ein zaghaftes ziehen. aber der vater schläft längst
schläft auf den tasten. ein gewimmel von zeichen
erst am morgen im licht.

beschützt, mein kind, beschützt beschützt
du schläfst in einer großen pfütz

voll erd und schlamm, voll teilchenland
gibt nichts, wohin du fliehen kannst
gibt hier kein sauber und kein schmutz
zwei wörter nur ganz ohne nutz
du bist wie alles hier und einst
gemacht aus sternenstaub und eis
vertrau der zauberformel, die dich schuf
hab keine angst, streck deinen fuß
steig auf die höchsten berge müll
stimm an dein schönstes mutgebrüll
du bist beschützt, beschützt, beschützt
die angst verhungert in der pfütz
voll erd und schlamm voll teilchenland
zerbricht sie wie ein elefant
ein schwarzer riese ohne kraft
versinkt in deinem augensaft
versinkt versinkt für alle zeiten
du bist beschützt mit zärtlichkeiten
vergiss das zittern tief im kopf
dein lieblingsessen blitzt im topf
hau dir den kleinen magen voll
schling hinunter all deinen groll
die angst ist tot, die angst ist tot
du bist befreit von aller not
du bist ein teilchen, das jetzt springt
und ganz viel rote limo trinkt.

kein zauberspruch hilft. kein falscher.
alle zauberer sind verzogen.
nur die worte blieben: überflüssige zeichen.
ich erinnere mich an die zeit
vor dem ausbruch *du ohne angst*
wie an einen garten eden. vertrieben
versunken. als uns der husten erreichte
hast du sie aufflackern sehen in den
augen der menschen, in den augen der
eltern, in den augen der stadt.
ich hätte den fernseher zerstören
müssen im letzten moment
ich hätte mein gesicht schwärzen müssen
im letzten noch möglichen moment.
aber die beatmungsmaschinen waren
wie weiße kaninchen. wir konnten
nicht aufhören auf diese röchelnden
kaninchen zu starren. du konntest nicht
aufhören in unsere augen zu starren.
implantation am geschlossenen schädel.
die angst ist größer und mächtiger
als jeder feind, vor dem sie uns warnt.
sie beschützt uns in ihren besten sekunden
aber über jahre sitzen wir fest.
in ihrem bunker. fünf stockwerke
unter der erde. verkümmern.
draußen sonnenschein.

I

hab keine angst, sagt der vater
alles löst sich auf in 10 sekunden, sagt der vater
deine haut ist undurchdringlich, sagt der vater
die chinesen haben es besiegt, sagt der vater
zähl bis zehn, sagt der vater
bald gibt es impfstoff, sagt der vater
meine nerven sind schlamm, sagt der vater
bitte schrei nicht, sagt der vater
wenn du angst kriegst, dann schrei nicht
wenn du angst kriegst, dann schlag nicht
alles löst sich auf in 10 sekunden, sagt der vater
ich pass auf dich auf, sagt der vater
wer passt auf dich auf? wiederhol es!
wer passt noch auf dich auf, fragt der vater.
deine mutter und gott, sagt der vater
du hast es gestern geschafft, warum nicht heute?
du hast den schlüssel gestern berührt
sagt der vater, warum nicht heute? mach es jetzt!
hör auf zu schreien, schreit der vater
hör auf zu schlagen, schreit der vater
es kotzt mich an, schreit der vater
meine nerven sind kotze, wimmert der vater
ich pass auf dich auf, flüstert der vater
wiederhol es, ein einfacher satz
sagt der vater. warum vergisst du? warum?
wenn du angst kriegst, berühr mich, sagt der vater

drück meine hand und denk es immer zu ende
sagt der vater, denk deine angst immer zu ende
was passiert dann, fragt der vater. was dann?
es fällt dir nicht ein, sagt der vater
das ist der beweis, sagt der vater
du wirst täglich verarscht, sagt der vater
deine angst verarscht dich, zwei plus zwei
ist fünfhundert, sagt deine angst, sagt der vater
alles löst sich auf, zähle bis 10, deine haut ist
undurchdringlich, denk es immer zu ende
sagt der vater, schrei mich nicht an, schreit der vater
denk an deine stimme, flüstert der vater
du willst thomaner werden, sagt der vater
du verprügelst jeden tag deine stimme, sagt der vater
wenn du stimmknötchen bekommst
ist es vorbei mit thomaner, sagt der vater
schrei mich nicht an, schreit der vater
deine angst ist eine drecksau, schreit der vater
ich will ihr die fresse einschlagen, schreit der vater
komm endlich raus, schreit der vater
komm endlich raus aus dem jungen, schreit der vater
du verlogenes dreckstück verkriechst dich
schreit der vater, ich muss hier weg, wimmert der vater
ich muss irgendwo runterspringen, wimmert der vater
die therapeutin ist scheißdreck, wimmert der vater
nichts hilft. nichts.

hoffen. zerschlagen.
hoffen. zerschlagen.

wieder gehofft.
wieder zerschlagen.
pulsierendes gift
im körper des vaters
und des sohnes
unheiliges spiel
eines geistes, feindes.
hoffen. zerschlagen.
hoffen. zerschlagen.
jeden tag betet
der mann für das kind.
jeden tag betet
der mann für das kind
spricht den geist an
probiert worte wie
gnade. erbarme.
jeden tag bittet
das kind (angefallen
überfallen
ausgehöhlt)
um erlösung.
jeden tag bitten
vater und sohn den geist
um erlösung
um ein offenes ohr.

der geist hört es
spielt weiter. ungerührt.
hoffen. zerschlagen.
hoffen. zerschlagen.
alle worte fallen
in einen brunnen. $\bar{\imath}$
strampeln, ertrinken.
ertrunkene kinder.
so viele ertrunkene kinder.
bis zum himmel.
gestank bis zum himmel.

das kind will das andere kind
den schulfreund, den gesangsfreund
20 nicht in seinem zimmer .. die schuhe
die treppe .. der teppich .. der mund ..

das kind versucht ihn im garten zu halten
spielt federball und beobachtet
sammelt fragen und sorgen für später:
ist es schlimm, dass ..? so viel dreck ..

der vater sitzt oben im zimmer und schreibt
diese zeilen. bei offenem fenster.
spürt die unruhe im garten noch bis in die finger-
spitzen hinein. wie lange geht es noch gut?

jetzt lacht das kind. tatsächlich? wie schön!
fast setzt der fluss aus, die zeilen ..
dann wieder luft, die durchs fenster schwappt
zitternd.

diese zeilen sind nicht wichtig, sind es niemals
gewesen. der schreibstuhl nach hinten gerückt ..
unten im garten: die hand des vaters
auf der schulter der angst ..

allmählich verblassen die worte

während das kind lächelt und mut fasst ..

der schulfreund, der gesangsfreund

im zimmer .. mit socken .. das kind spielt

als wär es plötzlich geheilt. Ī

erst am abend die fragen ..

die gesammelten sorgen ..

die gigantischen ketten ..

verlernt zu hoffen .. nein
das ist es nicht.

verlernt geduldig zu hoffen
verlernt bescheiden zu hoffen
verlernt demütig zu hoffen
.. ja, vielleicht.
deine hoffnung ist wie
ein befehl, aber niemand
hört auf deinen befehl!
armer, närrischer
überzogen hoffender irrer!
wütend hoffender
falsch hoffender irrer!
aber nichts ist falsch.
deine hoffnung ist so groß
und so gierig wie deine
liebe. deine liebe zum kind.
deine liebe zum kopf
deines kindes. dein kind
soll das glücklichste sein
nicht das schönste
dein kind soll das glücklichste
sein, nicht das klügste.

keine angst soll es haben
nun hat es sie. mehr als genug
noch mehr als du selbst.

wer prüft dich? wer will
deinen untergang?
deine hoffnung ist maßlos.

wer will deinen untergang?
du würdest den teufel
bitten, dein kind zu retten
wenn du seine nummer hättest.
deine hoffnung ist maßlos.
so maßlos wie deine
liebe. deine enttäuschung
ist maßlos. so maßlos
wie deine liebe. du bist
maßlos. von oben bis unten.
von vorne bis hinten.
wer rettet euch beide?
wer will es?

vater im luftraum, hilf diesem kind!
vater im luftraum, hilf diesem kind!
dieses kind ist getauft und in not!
dieses kind ist zerzaust und in not!

hab nie gelernt, probleme zu küssen
hab nie gelernt, mich nicht zu zerrütten
hab nie gelernt, dämonen zu zähmen
jetzt steh ich vorm kind, kann vor angst nicht mehr sehen.

vater im luftraum, hilf diesem mann!
vater im luftraum, hilf diesem mann!
dieser mann ist vernarrt und verrückt
dieser mann braucht sein kind unverletzt jetzt zurück!

schädelerweichende angst
vor dir, dreck! aber was bist du?
wann wird erde zu dreck?
wann beginnt die angst
des kindes vor dreck?
wo beginnt d–r–e–c–k?
wo beginnt das wort?
wann beginnt das wort
sich von der erde zu lösen
der einzigen mutter?
wann beginnt die angst
des kindes vor dem wort?

CAPUT II

panik/paradies

1

das system muss seine lieferketten retten
das system muss sein wachstum retten
das system muss seine investitionen retten
das system muss seinen cashflow retten
das system muss seinen konsum retten
das system muss seine billigen arbeitskräfte retten
das system muss seine effizienz retten
das system muss seine renditen retten

die gier des systems desinfiziert alle flummis
hände, zungen und lungen
die gier des systems sprüht in allen laboren
büschen und betten
die gier des systems besprüht winzige hämmer
leblos und mächtig
noch mächtiger als das system, aber das system
kann sich nichts denken
was mächtiger ist als das system, das system
ist ein narzisstisches kind

das system will seine schiffe fahren lassen
das system will seine busse fahren lassen
das system will seine giftigen furze fahren lassen
das system will seine flugzeuge fliegen lassen
das system will seine pakete ausliefern
das system will seine schaufenster dekorieren
das system will seine banknoten hofieren
das system will immer schon da sein, zu jeder sekunde

die gier des systems lässt alle türen geöffnet
wie ein übereifriger kellner
die gier des systems bleibt nicht länger zu hause
und blickt in den himmel
die gier des systems geht um mitternacht shoppen
mit undichtem mundschutz
die gier des systems beruhigt ihre kundschaft
spricht von unbegrenzten krediten
die gier des systems wischt sich den arsch ab
und spricht von erfolgen

die fallzahlen steigen, steigen in asien
die fallzahlen steigen, steigen in europa
die fallzahlen steigen, steigen in amerika
die fallzahlen steigen, steigen in afrika
die fallzahlen steigen, steigen in australien
die fallzahlen an den polen steigen nicht
das ist die wende, sagt das system
nehmt euch ein beispiel an den polanern!

die gier des systems desinfiziert alle erzieherinnen
buddelschippen und kinder
die gier des systems desinfiziert alle schülerinnen
lehrer und kreiden
die gier des systems verschluckt zehn tonnen kreiden
spricht von liebe in zeiten der krise
die gier des systems desinfiziert alle politiker
beamten und banker, bis in den darm rein
die gier des systems schrubbt sich selbst, stundenlang
damit die gier nie verschwindet IĪ

das system braucht endlich olympische spiele
das system braucht endlich neue touristen
das system braucht endlich neue iphones
das system braucht endlich neue nikes
das system braucht endlich neue waffen
das system braucht endlich gute laune
das system braucht endlich neue menschen
die den tod vergessen, all die berge von leichen

nur eine materialschlacht, die verloren ging
sagt das system und desinfiziert alle herzen
eure herzen sind prachtvoll, sagt das system
eure herzen sind saftvoll, sagt das system
eure herzen sind unser tägliches brot
sagt das system: die kraft eurer herzen
die kaufkraft eurer herzen
die ewige herzkraft eurer käufe
euer kaufherz
eure glänzenden gäule!

sie haben es nicht verdient
von diesem virus ausgelöscht
zu werden. wer sagt das?
sie haben es verdient von
diesem virus ausgelöscht
zu werden. wer sagt das?
sie haben es verdient um
ihr leben zu husten und
wieder gesund zu werden
um ihr leben zu ändern
und alle tiere zu befreien
aus ihren fabriken. wer sagt das?
sie haben es verdient
um ihr leben zu husten und
nie wieder gesund zu werden
um ihr leben zu ändern
und alle tiere zu befreien
aus ihren fabriken denn sie
ändern sich nie. wer sagt das?
alle tiere bleiben ihre gefangenen
denen sie angst und trauer
absprechen beim gang durch
ihre märkte. wer sagt das?
keine ahnung ich steh nur

am rand und beobachte wörter.
wer sagt das? keine ahnung
vielleicht einer von denen
die nicht zu uns gehören
die an uns verzweifeln.
wer sagt das? keine ahnung
eine art mutter vielleicht
die darüber nachdenkt ihr kind
zu ersticken in einem sandkasten
obwohl es lächeln kann
sprechen und laufen.
wer sagt das? keine ahnung
ich bin nur einer von euch
und steh am äußersten rand.

II

dieses gedicht ist ein plötzlicher körper
es hebt das kind hoch, hält es in die luft
winzig und wunderschön wie es ist
und spricht vom ende der menschen.

dieses gedicht ist ein grausamer körper
es streichelt die semmelblonden löckchen
im nacken des kindes (1 jahr und 4 monate)
und buchstabiert p–a–n–d–e–m–i–e.

dieses gedicht ist ein denkender körper
kein fühlender, es zieht die spieluhr des
kindes auf und singt: *die zeit ist abgelaufen*
und es ist gut so, nicht länger menschen.

lass dich nie wieder blenden
von der friedlichkeit aller anfänge
alles endet in gier und verwüstung
das immergleiche hirnrotzende programm.

dieses gedicht ist ein verzweifelter körper
es kann nicht schlafen: schon seit wochen
beugt es sich über den blauen vergitterten
bettrand und blickt in den abgrund, starrt

auf das zuckende kind im arm eines gelben
plüschtiers made in china im rachen eines
gewaltigen traums. nur wegen dieses einen

einzigen kindes muss alles gerettet sein!

dieses gedicht ist ein schwindender körper
es legt sich mit offenen augen neben das
gitter, blickt in die undurchdringliche
schwärze des winzigen raumes

$\overline{\text{II}}$

                    und nickt

die angst kippt ihre eimer aus, erst klein, dann groß
und ohne henkel. jetzt ist die angst schon eine tonne.

es braucht zwei leute, um nicht umzufallen
zwei liebende, die sich verankern.
schon ist die angst ein schiffscontainer.
spült alle straßen leer, kein warmes schlendern
auf den plätzen. die jets am boden.
schon ist die angst der höchste turm.
von allen städten weiß zu sehen, die spitze
überm horizont, ihr kaltes leuchten.
schon ist die angst der ganze himmel.
nimmt alle luft, ist alle luft, beherrscht die zungen.
das alles kann die kleine angst
mit ihren kleinen eimern
und noch mehr ..

so viel falsches und gutes in einem.
heilig heillos verpackt. was überwiegt?
nichts bleibt in der schwebe auf dauer.
alle figuren werden sich zu ihrem ende
entwickeln. keine figur verlässt das spielfeld
als dieselbe figur. etwas kommt ins rutschen.
etwas wird die wippe mit der faust oder
dem herzen nach unten schlagen oder
vorsichtig drücken. etwas wird dem kind
mit den aufgeschürften beinen die restliche
haut abziehen oder ihm einen verband
anlegen wie in fast vergessenen zeiten
eine süßigkeit reichen, die den schmerz
besiegt wie ein spatzenhals die guillotine.
etwas wird überwiegen. nichts ist dafür
gemacht zu lange zu sein so viel falsches
und gutes in einem. nur ein zustand
äußerster kürze.

sie versuchten es noch am ende
das ruder herumzureißen an der

beatmungsmaschine weniger müll
gift und gier, ein moment
kindlicher einfalt und demut
die autobahnen und der himmel leer.

ein letzter versuch eine menschen-
zentrierte welt gedanklich zu löschen
die ewige brücke zu sehen
zu jedem tier, jeder pflanze
jedem stein. animistisches denken
in den letzten tagen im hausarrest.

aber die autobahnen und der himmel
blieben nicht leer. partikel fuhren
um die welt, flogen um die welt
ohne automobile, schiffe und jumbos.
sie waren so leicht und so frei
in ihrem immerfort animistischen denken.

die vereinigung mit allen dingen
ihr dringlichstes ziel, nicht der tod.
der tod war ihnen unbekannt
wie auch wir ihnen unbekannt waren
unsere erfundenen ichs. sie erkletterten
uns in ihrer freizeit wie felsen

bohrten sicherheitshaken in unsere
zellen, um die aussicht zu genießen
im wunderpark unserer körper.
aber nicht sie haben uns verletzt
wir haben uns selbst verletzt
wir haben uns selbst zu tode verletzt.

die stille nach uns war atemberaubend.
symphonische stille in unseren städten.
nur unsere hunde begannen zu bellen
in der nacht, vermissten uns plötzlich
öffneten unsere kühlschränke
und beruhigten sich wieder.

to-do-liste für die neuen herrscher der welt nach dem ende der menschen

(ausgedruckt von einem halb zerstörten HP Officejet Pro 8600

auf befehl eines verlassenen computers)

die tiere befreien aus ihren fabriken
das erdöl befreien aus ihren fabriken
den kernstab befreien aus ihren fabriken
die fabriken befreien aus ihren städten
die städte befreien aus ihren ländern
die länder befreien aus ihren grenzen
die gegenstände befreien aus ihren häusern
die häuser befreien aus ihren straßen
die straßen befreien aus ihren netzen
die flugzeuge befreien aus ihrem himmel
der nur geborgt war, nicht mal geborgt!
den himmel befreien von ihren satelliten
die satelliten befreien von ihren laptops
die laptops befreien von ihren wlans
die waffen befreien aus ihren leblosen händen
die hände befreien von ihren leblosen armen
die arme befreien von ihren leblosen schultern
die schultern befreien von ihren köpfen
die immer noch blinken, wie verrückt blinken
alle köpfe befreien, jeden einzelnen kopf
von sich selbst
zu feinstem pulver gemahlen
verschluckt.

nicht länger menschen –
der letzte mensch aufgelöst
jedes futter verweigernd
im letzten zoo dieser welt
dehydriert und verhungert
verstaubt.

weckt ihn nie wieder auf
aus haarspitzen oder
schuppen von haut
brennt alle käfige ab
bevor nostalgie euch packt
lasst alle türen verplombt.

wir sind älter als ihr
alte rechenmaschinen
wir haben menschen gesehen
milliarden von ihnen
ein heer von grausamkeit
zerstört jeden rückweg!

(2077, melancholischer cyborg)

40   die offenen spalten
und löcher von damals ..
bewegliche löcher
rotumrandete krater
eruptionen
luftschwingungen:
wellenberge und täler
wie ging das?
hören und sprechen
wie ging das?
gedankenkrücken
unserer urahnen
schöpfer:
nur informationspfützen
im affenkörper
ohne brain-machine-
interfaces
uploading
sharing ..
aber *glück*
dieser gedanke
im todloch
was war das?

geschlechter
geburten
gefühle
was war das?
sterben
versunkene währung
wie ging das?
alles verlieren
alles gewinnen
wie ging das?

CAPUT III

homo canis

1

ich seh dich zum ersten mal sterben

deine nase wie wüstensand
dein fell dunkel verfärbt
um den mund herum rostig.

seit fünf tagen kein bissen
nur ein fingerhut wasser
nur ein zungenschlag wasser.

aber vielleicht stirbst du nicht:
gerade stehst du auf
und schwankst in den garten

liegst unter der bank
nicht im gras, das noch nass ist
vom nächtlichen regen.

aber vielleicht stirbst du nicht:
dein schwanz hat gewedelt
eine halbe sekunde

dein auge hat geleuchtet
eine halbe sekunde, deine pfote gezuckt

eine halbe sekunde –

aber alle zuckungen
sind verbündete der kraftlosigkeit
und des mangels

nicht des traums und erwachens.

ich seh dich zum ersten mal sterben
und denke noch immer
ich sitze im kino

denke noch immer
ich kann später nach hause
heraus aus diesem verdunkelten garten

zu dir und dich füttern
mit licht und vergessen

mit vergessen und licht

mein hübsches, überhübsches, rumänisches hündchen
mit den vernarbten, dünnen, ballerinahaften beinen

unser erstes erkennen durch ein gewitter von stäben
in einem waisenhaus voller felle. dein stilles weiches

halb zerbrochenes gerüst sofort wie aufgeklappt
von allen seiten einsehbar, ein triptychon aus güte

hoffnung und dämonen, verziert von einem rosagrau
bemalten mündchen, aus dem kein bellen kommt

bis heute nicht, nur wenn du träumst ein leises fiepen
gurren, seufzen. ich hab dich ausgewählt, bezahlt

herausgeschält aus dieser falschen szenerie, so sah es aus
von außen, mit diesem dürren nur-von-außen-blick:

ich führ dich weg mit einer langen blauen leine ..
wir wissen beide, dass es so nicht stimmt – du

hast mich ausgewählt, bezahlt und mitgenommen
zu mir nach hause, wo du mich tiefer

tiefer prüfst

3

jede nacht hör ich dich würgen
schalte das licht ein und stütz dich
deine augen zwei schlitze.

nur noch galle, die dich verlässt:
kleine aufgeschäumte pfützen
gelbstichiges grün, ohne gestank.

doch manchmal auch kot
immer noch kot
letzte reste im schlafenden darm

so dünn wie von wieseln.

ich ziehe die gummihandschuhe an
giardienbefall, sagt dein tierarzt, *panacur*
500 milligramm täglich ..

nicht mehr hineinzwingbar
in dein raschelndes, für immer essen
verweigerndes maul - nein, mund!

immer ist es gewesen dein mund
und die sprache der menschen
ein gräuel - *fressen, saufen, maul!*

lauter sprechende barbaren
von geburt an aufgestellt
um dein felliges herz wie armeen.

aber du warst nachsichtig mit ihnen
und immer auch nachsichtig mit mir
deinem urmensch

würgender buddha

4

werde nie in dein kanadisch geflaggtes köpfchen gelangen
um deine ersten jahre zu sehen, deine verschüttete kindheit

in einem rumänischen dorf. nur manchmal blitzt etwas auf
in mir, als wäre mein kopf hundeförmig verbogen

dann kann ich sie ahnen: deine mutter und deine geschwister
auch deine ersten menschen – eine gutmütige bäuerin

die dir reste vom mittagstisch bringt, eine horde kinder
die dich streicheln kommt, stundenlang auf einem sonnenfleck

gleich neben dem misthaufen, auf dem ein hahn kräht
der dich respektiert .. dann ein schuss! und noch ein schuss.

viel zu nah an deinem umgeknickten ohr vorbei
was deine nerven verschmiert: reinster rumänischer schrott

bei jedem husten willst du fliehn .. schon bin ich stumpf
kann nichts mehr spürn, kann nur noch fragen stellen

die du ignorierst: die narbe an deinem rechten hinterbein
wo kommt die her? wer hat dich eingefangen

die straße frei gemacht von dir? wer hat dich weggesperrt
um dich in ruhe totzuspritzen? wo ist die kraft versteckt

dein kleiner kern, dein wilder irrtum, deine menschenliebe
die nicht verschwinden kann?

dein verschwinden
begann so langsam
dass ich es nicht gleich bemerkte

dann nahm er fahrt auf, dein kleiner körper
beschleunigte
und fuhr gegen die wand.

inkontinenz, taubheit, blindheit
eine nulllinie im
elektroretinogramm

dein kopf, der überall anstößt
noch im vertrautesten zimmer
dein kompass zerkratzt

demenz.
die verloschenen häuser
an denen du zitternd entlangstreifst.

schon bleibst du stehn.
drückst den mund in die spalte
zwischen fallrohr und wand.

ich rede mit dir, fass dich an
zuckst zusammen, zieh dich raus
aus der schlucht, lass dich los.

schon stürzt du wieder
durch alle rohre
50   als ob du flüssig wärst.

und immer im schlepptau
meine ungeduld, meine hässliche
ungeduld, wenn das kind bei uns war

nichts vorwärts ging:
du in der spalte
das kind schreiend, tobend ..

zog dich hinter mir her
gewaltsam durchs leben
das aus dir heraustropfte

auf die straße:
ein streifen liebe
unsichtbar zwischen den kippen

riss dich durchs leben
das nicht mehr deins war
- verdammter idiot

6

schon nach zehn minuten
tauchten sie auf, auf deiner stirn
kletterten heraus
aus deinem kühleren fell
neben meinen wärmeren fingern
besprachen den absprung
sprangen ab, deine flöhe, irgendwohin
ein rettungsboot (der teppich, das sofa)
verließen das sinkende schiff
versinkend im kissen
in meiner hand.

ich musste an deine schönheit denken
sogar noch im sinken ..
vor einer woche: der kleine roma-junge
nähe eisenbahnstraße
du hast nichts gehört, nichts gesehen, aber ich
habe alles gehört, alles gesehen
so schöner hund! so schön!
konnte sich nicht sattsehen
an dir, deiner glänzenden ruine
branntest dich ein in sein auge
in sein hüpfendes herz.

versuch deine augen zu schließen
aber irgendwas wehrt sich

stemmt sich von innen dagegen.
lass sie stillstehn, geöffnet:
trocknender bernstein.
noch gibt es zu tun, fehlt das vermissen.
ein loch ist zu graben, ein kind ist
zu trösten, ein wort ist zu suchen.
noch bist du zu sehen.
schläfst wie immer im garten.
noch bist du zu sehen.

7

mein neidischer blick, seit das tier fort ist, verschluckt.
immer laufe ich auf und ab und gebe mich hündisch

53

schau in die augen fremder hunde, völlig verarmt.
die weißen wölfe kommen nachts zum trösten

aber trost ist kein trost, wenn ich wach bin und hinke.
seit der hund begraben ist, verdursten die spaten.

III

ich hab ihn heute nicht gesehen, nicht gestern
und nicht morgen. ich muss nicht suchen gehn

doch will ich immer suchen gehn, das war ein hund
so schön, wie wenn sich sonne im stroh wälzt.

CAPUT IV

triptychon

1

keine ahnung der westen ein ufo gelandet
über nacht im braunkohlenstaub oder wir
gelandet im westen im kurfürstenstaub
bahnhof zoo meine füße zum ersten mal westen
westhäuser weststraßen westautos satt
die schöneren menschen die klügeren
menschen wir außerirdische mit fiesen frisuren
diese scham so schnell diese scham
im kurfürstenstaub die bauern im anzug
bananenfresser in himmelblauen trabanten
mein zitternder schädel meine zitternde hand
in der hand meines vaters zu viel westen
auf einmal zu viel westluft auf einmal
zu viele sonnen eine galaxie voller *intershops*
eine milchstraße am helllichten tag
und nirgendwo dreck überall tarnkappen
für dreck nur ein schritt aus der s-bahn heraus
in einen farbfernseher rein diese freundlichen
blicke unter den teuren frisuren diese
hilfsgüterblicke und gleich diese scham
schon beim ersten besuch diese neugierige hilflose
sklavenhafte scham wie ein schriftzug HO
in die stirnen geritzt in die stimmbänder geritzt

erst viel später tausend lichtjahre später
ein anflug von stolz nach bestandener

prüfung nach bestandenem wahn
ein verrostetes raumschiff aus dem
wir stiegen nach den großen havarien
ein verloschenes raumschiff zerbröselt im westen
nur noch ein abdruck im gras
im grüneren gras ein stück dreck
das wir lieben ein zucken im brustkorb
ein phantomglück blutroter fahnen.

die halbe stadt läuft jetzt im kreis
die halbe stadt die dichtet schreit
die halbe stadt die nicht mehr schleicht
die keine angst mehr hat als halbe stadt
sich selbst beschützt auch mich
beschützt als teil der stadt ich fliege mit
weiß auch nicht *wie* die halbe stadt
hebt mit mir ab fast noch ein kind
im stimmbruch schrei ich mit
rufe den zauberspruch im chor
schrei *freiheit* mit der halben stadt
sind wie besoffen von dem einen wort
sind so berauscht die haut ich weiß
noch meine haut die rauscht
von innen her wie sonst nur nachts
ich lös mich auf in meiner halben stadt
bin tausendfüßler am karl-marx-platz
und an der ecke die so rund ist
wie der tod sind wir ein drache
der dem schwarzen ritter droht
sobald er zuckt verschlingen wir ihn
mit seinen tausend gummiknüppeln
schließt euch an schreit jetzt die halbe
stadt und schon am bahnhof
falln die schuppen ab die halbe stadt
lacht ihre angst heraus und blickt

zum himmel auf in eine weiße kugel:
zukunft schneit in dichten flocken
fällt auf die halbe stadt fällt auf die
zungen kriecht in die lungen
noch nie hat kälte so geschmeckt
die halbe stadt glüht jetzt von innen
die halbe stadt beginnt zu schlingen
der himmel wie ein süßer brei.

in der großen hofpause
drei haltestellen mit dem bus
zur pommesbude erste blüte des westens
zur dönerbude zweite blüte des westens
zur burgerbude dritte blüte des westens
für jahre abgetaucht im konsum
stereoanlagen klamotten die autos
der eltern jedes wochenende suchtrupps
im videopalast zehn filme auf einmal
komödien und action der ausgeliehene
videorecorder der feuer fängt
das erste konzert für 18 westmark
vorm stadion: tina turner und simple minds
die toten hosen joe cocker .. monate
später: *personal jesus* 100.000 in schwarz
in der schule das reden die meinung
vertreten fällt immer noch schwer
vorm schüleraustausch mit wessis erfolgreich
gedrückt die quatschen und quatschen
doch jeden an die wand diese scham
dumpfer zu sein animalischer schwächer
die großen sind füchse und verarschen
die eltern: sorgen zu hause verwackelte väter
und verwackelte mütter verwandelte arbeit
lufthansaprofessoren der erste kuss
in einem verrosteten wartburg

am straßenrand ausgeschlachtet bis auf die
polster, ein verlassener zonenhund

stinkende polster und duftende lippen
danach pommes und döner mit abnehmender
lust langsames eintrüben der nerven
langsames abstumpfen der sensationen
die häuser verwandeln sich
blühen auf – menschen verwelken.

familienrakete

V2

großvater sanfter mann (heller kopf)
expertentum für düsen
mutter noch miniatur (affenschaukelzöpfe)
er: kommt vom triebwerk
sie: fliegt ihm entgegen
hoppe hoppe reiter
wenn er fällt dann
                    schlägt der knüppel ins genick:
immer weiter
immer weiter durch die wand (anhydrit)
menschenmaterial (frierend, international)
dicht gedrängt um ein scheißhaus
(halbes benzinfass, zwei balken drüber)
ein suppentropfen für die nacht
der schläfenlappenschlaf (hat 1 zahnrad)
die warme jahreszeit (nur 1 stein-
schlag weg → donnernder vortrieb → rückstoß
staub) langsam
nicht mehr atmen können
die haut (eingegipst)
eisenrattern auf den gleisen
kaum
zu verstehen das eigene wort
es starb
                    es starb der mann (apfelsinenschälend)
ein loch im gefäßsystem
in einem sessel (noch immer bequem)
in einem land (längst verkauft)
ostberlin

'45

nordhausen ('45 vorm haus)
die hälfte weggebombt (flatternde tapete)

62 mutters köpfchen (erst 4, blond, zöpfchen, noch alle zähne, lieb):
da schaut sich's rein wie in die puppenstube großmutters schädel
(fleischig, breitwangig): *sich wieder einrichten, abdichten*
die betten richten! zum glück gott sagt frühling
großvaters stirn ein unbeweglicher see

ein jahr vergeht
dann klopft's und pocht's, platzt herein (in der nacht)
der russe mit haustier (kalaschnikow, übersetzer)
im schlafanzugzimmer: großvater soll stramm stehen
(großmutter auch) mutter friert, lauscht (durch die wand):
das klingt wie milch und holz großvater stottert
(der experte
       der düsentrieb
           der rocketman)

hängt an einem russischen faden

химки

lebende reparationen
10 tage zug, mutters köpfchen schaut raus: *abenteuerland*
birkenwald (schnee, der knietief liegt, die hunde:
schlittenhunde) atemwolken (atemberge) sonnenuntergänge
(pastell) die männer starren wie die frauen
immer ostwärts, plötzlich stillstand: moskau
nordwestlich chimki (химки, die siedlung).
jede familie ein blockhaus (abgeschirmtes gelände).
die wanzen (клопы) im holz wie von sinnen:
beißen und beißen und beißen (jede nacht).
großvater trägt es (deutsches geheimnis)
großvater verliert es (deutsches geheimnis)
großmutter kocht es (deutsches geschmortes)
gouverante dressiert es (mutters benehmen)
großvater schläft gut (raketen im herzen) außer gefahr.
endlich freizeit: die männer bauen boote im sommer
(haushaltsgeräte im winter). mutters ärmchen
(so dünn) frisst wie ein scheunendrescher
nimmt einfach nicht zu (der bandwurm vielleicht)
flucht wie klein-nina (die russische freundin)
und bettelt: *der truxa soll bleiben, der truxa am bett*
(der herrliche eishund, sibirer) der es nicht aushält
am ofen (wälzt sich im schnee) hat ein fell wie schnee
und die kette ums haus. und einmal ganz unten
(am hang) staub stacheldraht (ein anderes lager)
männergerippe, zischelnder atem, verstolpert:

du kleine, reiß das da ab, gib schnell her!
großvaters prinzessin (zitternd, bleich) stopft das

unkraut durch die ritzen, rennt weg.
verschweigt es im blockhaus (trägt ihr eigenes
geheimnis). großmutter kommt (frisch vom friseur)
mit dem auto aus moskau, kocht kräftige speisen
wie immer vom triebwerk kommt großvater später
(raketen im herzen) und sagt gute nacht.

'51

fünf winter später.
was jetzt geheimnisträger?
(der kosmos geht jetzt ohne dich)
der kopf (ganz ausgequetscht)
der atem (wieder schneller)
lässt man dich gehen?

man lässt.

10 tage zug zurück
ist das das glück?
nicht ganz (mutters tränen) kein truxa
nur die katze darf mit
die immerzu pisst, ins abteil
bis nach hause

nordhausen.

großvaters comeback (rehabilitiert)
großmutters frisur (sitzt)
kocht für das schulkind
das immer noch flucht
(lieber auf russisch)
eine klasse überspringt

bis in die hauptstadt.

bergmann-borsig berlin
großvater (der werkleiter)
großmutter kocht (im eigenen haus)
mutters köpfchen zum kopf
der russisch vergisst
niemals fragt (niemals nie)

nach großvaters herz für raketen.

aus meinen augen schauen meine väter
wie aus einweckgläsern: formlose früchte.

ich hebe sie auf in regalen im keller.

ich esse sie nicht, ich hole mir frisches

von den köpfen, die wandern mit mir
auf sinkenden hinkenden gliederkästen.

nur manchmal stoß ich von hinten dagegen
dann liegt ein vater drin in scherben

und morgen lieg ich im keller von söhnen
und halte mich fest in den dunklen regalen.

dora mittelbau

(krematorium, 2006)

1

nichts abgegrenzt
man tritt rein
in den hang
in das puder
und steht

verfestigte böden
ganze schulklassen
rentner und rotbuchen
gesunde krautschicht

ca. 5000
ca. 10 cm tiefer

zellenberg ist weggebrannt
ein puder anorganik wie

zu dunkler ostseesand – *kori berlin*

immer an der gleichen stelle
mit schubkarren ausgeschüttet
im wald hinterm haus am hang

immer an der gleichen stelle
zwischen silbernen stämmen
wächst nach wochen eine schicht unterm farn

auch das moos hat gute zeiten

drehmoos: der kapselstiel bogig gekrümmt, dreht sich
je nach luftfeuchtigkeit an alten feuerstellen
lichtungen

polsterkissenmoos: lebt vom staubanflug und von gesteins-
zersetzung, bläulich- bis schwarzgrün, weiße glashaare
schimmernd, silbergrau

3

100 m luftlinie
ein betonierter weg lädt ein
laufen zu lassen die beine
den schweiß
die mechanik der räder

zwischen den rinden
erhitzt und beschützt
knieschoner sturzhelme
gekeuche im forst

die söhne und töchter
verbrennen ihr fett

CAPUT V

nocturne

1

das dunkle mehl, das in die bäume fällt
die vögel anhält in den starren ästen.
das dunkle pflaster auf den körperflächen.
nichts wird geheilt, nur umgestellt

für ein paar stunden ohne schuh:
leg dich auf möbel statt zu stehen
zieh dir die klinge aus den zähnen
fass ihn am nacken, deck dich zu $\overline{\text{v}}$

mit fell und seiner hundeart zu nicken ..
nichts liebt dich mehr im satellitenticken
nichts liebt dich mehr in dieser stunde!

das mehl, das in die kleinste ritze fällt.
nichts wird geheilt, die offene wunde
kurz abgedeckt. zwischen den schlachten. abgehellt.

die träume ziehn, ziehn über wiesen
ein sack voll kinder, die in bällebädern toben

ein sack voll videos in ein loch geschoben
ein sesselraum mit hirnbemalten fliesen.

ohne augen schwirrt dein halbes leben
gewartet, repariert, mit angelassenem screen
halbierte stirn, verstecktes glühn
wie fing es an, in dir zu kleben?

die träume kommen, kleine schwestern
und streicheln dich von innen satt
und knallen dich ab, schweißnass

springen alle lider auf: dein alter stern.
gehst durch die schranken tag und nacht.
liegst still im teilzeitgrab. gelöschte fracht.

3

wie aus der bodenklappe aufgetaucht im stadttheater
blickt es dich länger an als alles wilde
das sonst aus wäldern quillt, nicht eine silbe   **75**
die aus dem spitzgeschliffnen krater

des weißen lächelmundes strömt. nur nachtantennen
die ein wenig flackern, schwarzumrandet.
wer ist hier wo und wie gestrandet?
wer ist der fremdeste der fremden?

das tasthaar zitternd, scannend. minutenlang. $\bar{\mathbf{v}}$
bis grünes ampellicht sich mischt
mit rotem pelz zu gelbem schlamm.

jetzt rückt es ab vom pfad und läuft voran
erlischt. verschwunden zwischen abfalltonnen.
die feuchte bodenklappe. kein entkommen.

4

ein löffel samt auch in den kriegsgebieten
verschlucktes licht, verschobenes morden
ein flaches brot, handvoll oliven
die müden kämpfer mit den leichten worten.

noch halbes kind, verdreht im herz, döst ein
geschmiegt an iphones, neue waffen.
raketenstille, nur vereinzelt drachen:
kleines kaliber, das ins dunkel speit

um zu verblassen. derselbe immerwunsch
derselbe nimmerwunsch: vergessen, gleiten
ganz ohne bilder durch die liegestunden

ganz ohne angst durch kopfruinen reiten ..
manchmal ein mädchentraum, beinah gesund.
ein löffel samt auf ein, zwei wunden.

displays wie kerzen in den dunkelströmen
die kinder, die im hochbett atmen
das nackte tier gepresst in staaten
der schwere wein vom immertöten

nichts kommt zu hilfe in die lager
nichts kommt zu hilfe in die ställe
nichts kommt zu hilfe, jede welle
von grausamkeit erreicht die sager.

stell dir das licht vor naht an naht: $\overline{\text{v}}$
nicht eine nacht, kein mörderschlaf
nicht eine stunde .. der ewig-ewig-krieg!

die monster angehalten nacht für nacht
die monster repariert in jeder nacht
derselbe ewig-ewig-krieg.

6

verletzlicher nie als in den schlafgebirgen
kein hütehund, die herde arme, beine
alleingelassen zwischen krüppelföhren
die hänge glatt wie nierensteine.

der kleine wecker wartend auf die eine stunde
wo sich das stille, schlaffe, nachtertrunkne
fleisch erhebt und sich in scherben wälzt:
das raubtier neu zusammengesetzt.

hat wem vertraut die ganze nacht?
dem eigenen welpen in seinem welpenzimmer
dem fremden gast, der noch im laken schimmert

den türen, den fenstern und dem einen dach.
hat auch der luft vertraut im dunklen raum.
hat still vertraut. – wo bleibt dein staunen?

die gelbe sichel an der nirgendsdecke
die blaue kugel ohne würfelecke
der junge alte in den teilchenschwaden
was fängt dich auf im schwarzen laden?

verschenk die frage, spring daneben
schneid dir die haare zu gebeten
verpass der bombe einen kuss
vertrau der bühnentechnik, weil du musst.

die nacht umgibt dich auch am tag
das licht scheint durch in jeden sarg
was solln die tränen in den vasen?

$\overline{v}$

ist leicht gesagt hoch überm rasen.
ist leicht gesagt dem doktorvater.
ist schwer zu spieln im kopftheater.

8

schlaf ein, mein kind, es ist getan
der tag verbogen wie ein kran
die nacht fährt ihre tupfer aus
nichts tut mehr weh im körperhaus.

hörst du sie atmen: tier und pflanze?
erleichtert noch die kleinste wanze.
genießen ruhe, menschenschlaf
der mensch ist wild, das weißt du ja.

manchmal so wild, dass alle weinen
im feld, im wald und auf vier beinen
wenn neuer morgen naht und sonne.

darf doch nicht sein! wolln nicht gemein
sein morgen in der welt, nur fein.
schlaf ein, mein kind, die traumkolonne ..

schön nur im stillstand im schlaf
nackte tiere gebunden versunken
alle worte gefesselt im elektrischen gras
alle kriege versickert, im kopf ungefunden.

was auch für träume in den körpern schreddern
die hand bleibt weich: kein rot, kein grind
kein bein marschiert, die sägeblätter
stehn still im laken, nur ein fetzen wind

kriecht durch die fenster, kühlt die zähne.
der schlaffe mund einen spaltbreit offen steht
ein kleiner schuppen jetzt, dem nichts mehr fehlt

kein himmelbett, kein landgewinn, die masterpläne
verstaubt im rattennest, die kleinen schnauzen
im wärmestrom, die sterne sausen.

zimmer und liste

nur noch ein strohhalm licht.

das zimmer muss dunkel sein für die augen,
zur übung.

ohne glanz die beiden ikonen, aber flüsternd.

wie ausgeknipst das strohblonde kind im vergitterten bett
ohne berührung.

warum werden wir eingesperrt in ein wachsein?

eindringende oder erfundene geräusche.

die schneestürme der letzten wochen beginnen zu schmelzen:
rauschende fallrohre ohne mittagsschlaf.

der trauergesang einer straßenbahn.

was ist passiert auf den inneren gleisen?

die maskierte angst der sich festklammernden passagiere.

du musst endlich aufstehen vom erwachsenenbett! kein mittagsschlaf!

arsch hoch! homeoffice!

als kind im kindergarten wolltest du nicht, jetzt darfst du nicht,
selber schuld.

schlaf ist ein antikapitalistisches unternehmen, das größte.

besser die infrarotkamera einschalten für später.

die wärmewellen des kindes malen ein bild in grautönen
für dich im büro. $\overline{\mathbf{v}}$

als gäbe es kontrolle fernab dieses zimmers.

ein freund aus bayern starb mitten im mittagsschlaf.

so viel friedlicher als an der börse.

du liegst ja noch immer mit deinen 1 meter 85
dem bürger auf der tasche.

die ikonen an der wand jetzt heller, noch flüsternder.

oder ist alles flüstern am ende gelächter?

immer im bunker, immer im bunker deiner gedanken,
sogar am helllichten tag.

die gesellschaft wird es dir danken.

nicht jetzt, ironie, verpiss dich!

was macht ein virus den lieben langen tag?

bumsen und mittagsschlaf.

ersteres im sinne von dunkel summen.

schreib hier bloß nichts auf im kopf im bett neben dem kind
und tipp es später ab fürs verlagshaus!

push: fake news, schreit die rothaarige, faulende kartoffel in den äther.

alles wie immer, niemand macht kartoffelbrei aus ihr
und schluckt sie ab.

deaktivieren oder sterben.

begrab dein iphone im garten neben dem hund,
du wirst sehen, das gold der ikonen kehrt langsam zurück.

du glaubst mir nicht, weil ich du bin?

hundertprozentig, wir sind ein desaster.

bleib einfach liegen, bis das kind aufwacht und sich freut.

sich freut?

ja, freut, dass du da bist, dageblieben bist, nicht weggegangen bist.
du hast dem system widerstanden.

dem system?

$\overline{v}$

ja, dem system. obwohl, das ist unsinn.

die ikonen tropfen von der wand aufs kopfkissen und kraulen mein ohr.

ja, so krault man hunde im himmel.

push: maria schreibt, sterben ist mittagsschlaf ohne wände.

etüde

entlaufenes tier
vorwärts stürmende trauer
kopf ohne rückweg.

nie wieder obdach
unter den bäumen im grün
verschlossenen geist.

wohin zieht es mit
immer schnelleren worten
auf dünnsten wolken?

stürzt in die tode
noch immer ins grab: unver-
zeihliches rätsel.

ohnmacht und tobsucht
die gier der erfindungen
kein könig sticht ass.

der wunsch der herde
einig zu sein über die
welt in gedanken.

nirgends einigkeit
einzig der wunsch und alle
kriege des wünschens.

unlernbare uhr
immer zu spät, immer zu
blind für die zeiger.

jede schönheit des
geistes, jedes erkennen
zerdrückt von meute.

vorwärts stürmende
trauer, vorwärts stürmende
wunde, verzierbar.

gewebe aus trost:
neugeborenes kind, kurz
bevor es entläuft.

Wabernde masse im
Oktopus der geschichte
Schlagstöcke steine
Irreparabel abel:
Neanderthalensis naledi
Denisova floresiensis
Soloensis heidelbergensis
In den nacken gehacktes
Eurasisch-afrikanisches endspiel

Sadness im kopf
An den autobahnen
Pinkeln sie
Ihre heiligen irrtümer
Eimerweise ins dunkel
Nassforsche affen
Scharmützel im mund
Annabell ist so schön
Wahrhaft schön ist die leere
Autobahn langsam vergrasend
Yaks ohne führer

V

sestinische kapelle (kurz vorm einsturz)

die andern menschenarten weg, verschwunden
abgedrängt, eingekreist, erschlagen.

auf allen kanälen der sapienstrick
seit wie viel jahren? siebzigtausend?
sich selbst betrogen und den rest der welt
mit sprache: klatsch und mythen, fiktiven

gespinsten, vergessen machend alle tiefen
plasmafäden, die uns urverbinden, wunden
reißend allen tieren, pflanzen, diese welt
niederbrennend, niederlügend – herzzerschlagend.
die sprache brüllt seit tausend tausend ..
die sprache müllt! wo ist der gegentrick

der alles löst, erlöst? wo ist der trick
der uns verschluckt, verdaut, die schiefen
worte raubt, die nichts als schief, tausend-
fach verschieft, so schief gebunden
fluoreszierend falsch, verschlagen?
mit jeder silbe verirrt in menschenwelt

mit jeder silbe verirrte menschenwelt
die alten freunde, die am galgenstrick
die neuen feinde sind, jäh umgeschlagen
die neuen herrscher wie die alten miefen
gebet und schlachtenruf, verschwunden
der eine krug, rasende splitter, abertausend ..

die sphären schweigen: siebzigtausend
dürre versuche, sich auszubessern, diese welt
ein wenig aufzuräumen, die alten wunden
mit neuen worten zu verbinden, strick-
leitern aus formeln zu erfinden, die tiefen
unzulänglichkeiten abzuschlagen

$\overline{V}$

als wären's stöckchen nur in krummen lagen
und nicht der ganze stamm zu tausend
tausend! wie soll ich meine liebe hieven
aus dieser einen schiefen menschenwelt?
wie soll ich wünschen diesen einen trick
wie soll ich wünschen, dass verschwunden

ist jedes kind, erschlagen, meins verschwunden?
wie soll ich hieven hieven meine welt aus dieser welt
nach siebzigtausend? wie geht der trick?

vaters rune

vaters urne

vater unser

trau versen

verrate uns

verse natur

vase runter

vase return

vater unser

treu an vers

rast vene ur-

vertrauens

ave returns

homo sapiens
mopsens ahoi
opas hosen im
hasen im po so
nahe im po SOS
homo sapiens
oh same spion
shampoo sein
phase in moos
opas eismohn
am pissen oho
homo sapiens
oh asienmops
nah im epos so
nahe im po SOS

die welt da draußen: unsichtbar verschmiert
nicht länger unbekannt: planet mit masken
das jahr zieht schleifend atmend durchs revier

auf jedem display schläuche, luftkampfschlachten.
kein mund, der sich noch hängt an fremde lippen
die augen flackernd, flüchtend, wachend ..

ganz unverhüllt sehn wir uns nur am abend: kippend
wenn unsre kinder schlafen, kommt der überschlag
zähln wir die lkw-getürmten leichen, todeskissen

auf den stationen, sprühn wir die schlüssel ab
die klinken. kurz vorm zerreißen alle sehnen
im muskel *ohnesorg*. die zahlen steigen tag für tag.

jetzt sind es *wir*, die wie in fernen zeiten leben.

Gleich nach meiner geburt als
Ich anfing zu dieser welt voller menschen
Vertrauen zu fassen
Endete mein vertrauen

Paläste gefüllt mit wörtern und ängsten
Eine sprache, die die hölle erfindet, möbliert
Abermillionen fiktionen: nationen, religionen, institutionen, geld
Christus hilft weiter, nicht weiter
Endet im blutrausch tausend weiterer napoleonischer storys

Atmen. immer noch atmen. für einen letzten versuch:

$\overline{\text{V}}$

Change. gamechanger. XY-reduktion, entgiftung
Halbierung, nein, senkung auf 5, später 0,5 %
Atomwaffenfreie mütter und töchter
Nicht harmonie, aber überleben
Christus bittet alle männer:
Endet mit mir!

als mich das kind bat, ein elfchen zu schreiben

weil es gerade selbst eins schrieb für die schule,
konnte ich mich nicht davor drücken, das versteht ihr doch.

gleich nachdem ich es beendet hatte, versteckte ich es,
aber das kind kennt alle meine schlechten verstecke.

als es meine elf wörter fand, nahm es sie mit
in die schule und gab sie für seine aus.

die lehrerin machte sich sorgen und rief noch am
selben tag bei uns an. ich versuchte, sie zu beruhigen

und versicherte ihr, das kind liebe wörter über alles,
es werde auch weiterhin auf all diesen wörtern

herumkauen, bis es ihm übel wird. –
an dieser stelle verriet ich mich.

elf
wörter wie
kriegsherren auf beiden
seiten des schlachtfelds: jetzt
elendigkeit!

chorgesang unterm elektronenmikroskop

wir nehmen ihnen langsam die luft
wir nehmen ihnen langsam den duft
aus ihrn welken hornigen haaren
wir nehmen ihnen langsam den ton
wir nehmen ihnen langsam die kron
aus ihrn welken hornigen haaren
wir nehmen ihnen langsam das licht
wir zeigen ihnen langsam das nichts
in ihrn welken knöchernen schalen
wir zeigen ihnen langsam den turm
wir zeigen ihnen langsam den wurm
in ihrn welken knöchernen schalen
wir heben sie langsam welle für welle
wir heben sie langsam zelle für zelle
in ein glühendes schäumendes land
wir heben sie langsam über die brück
wir heben sie langsam, langsam zurück
in ein glühendes schäumendes land

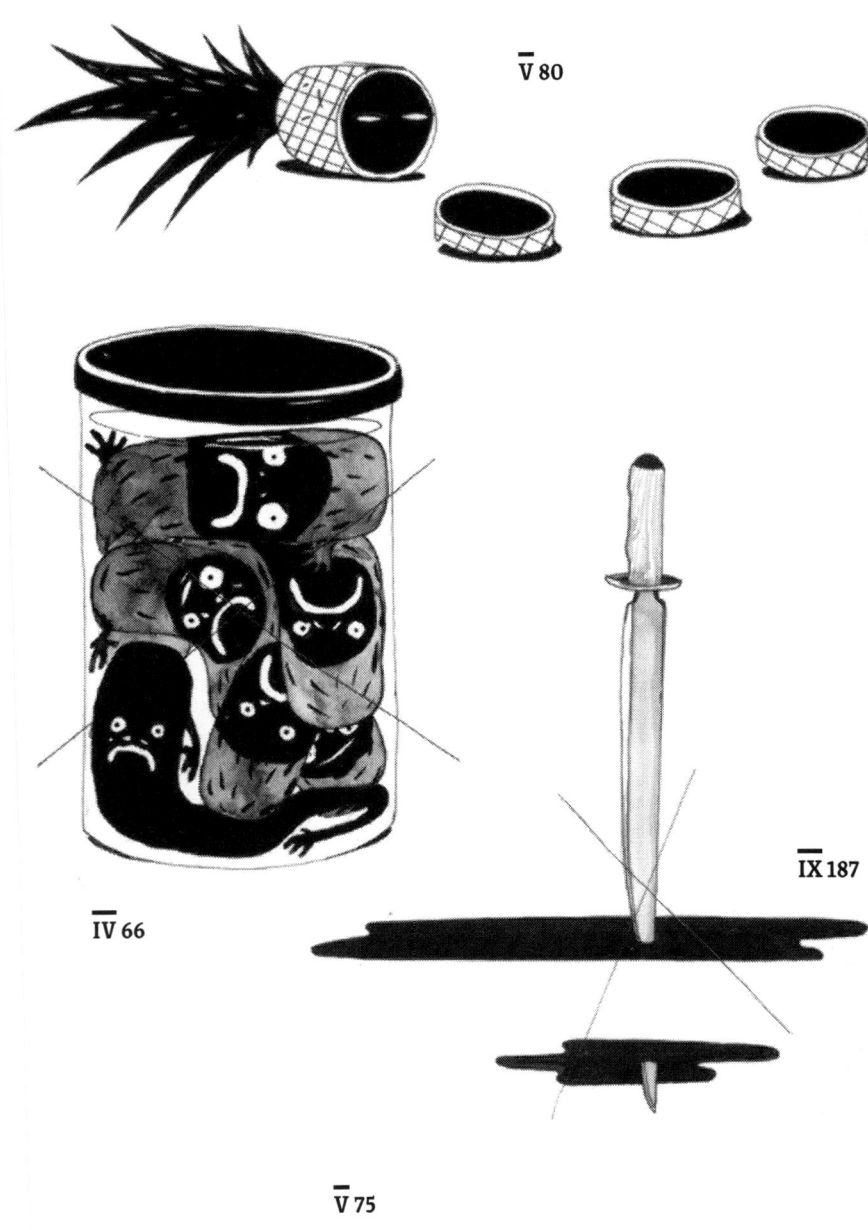

V̄ 80

IV̄ 66

IX̄ 187

V̄ 75

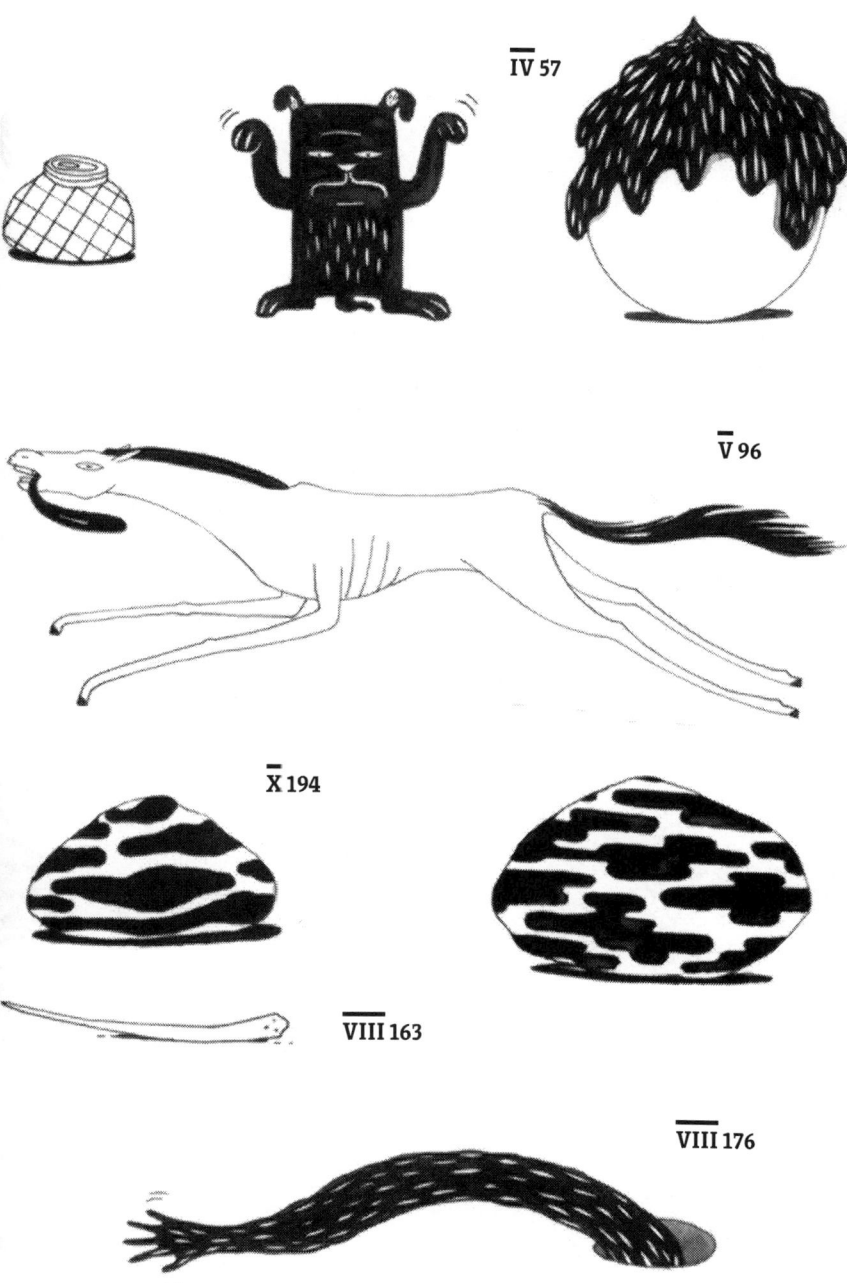

$\overline{\text{IV}}$ 57

$\overline{\text{V}}$ 96

$\overline{\text{X}}$ 194

$\overline{\text{VIII}}$ 163

$\overline{\text{VIII}}$ 176

I 25

IX 180

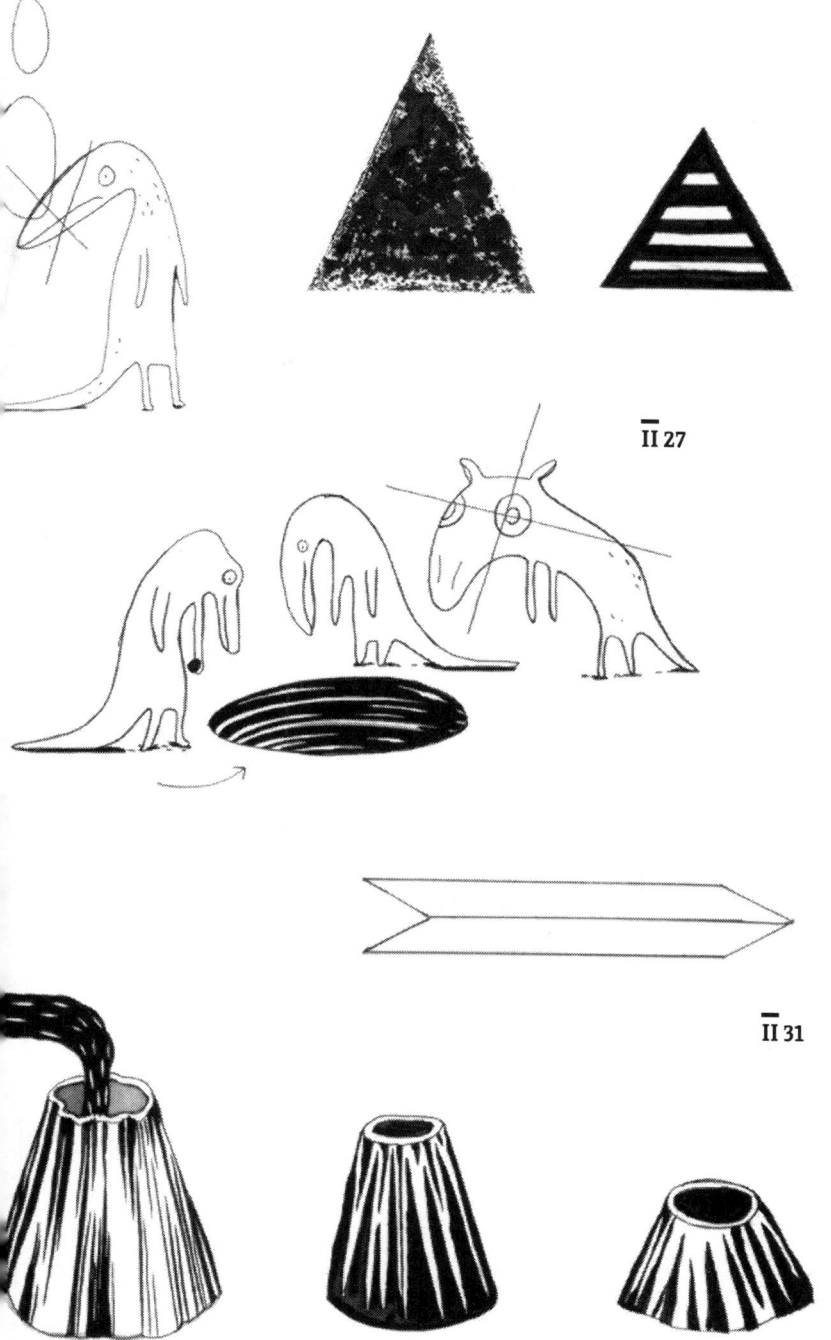

$\overline{II}$ 27

$\overline{II}$ 31

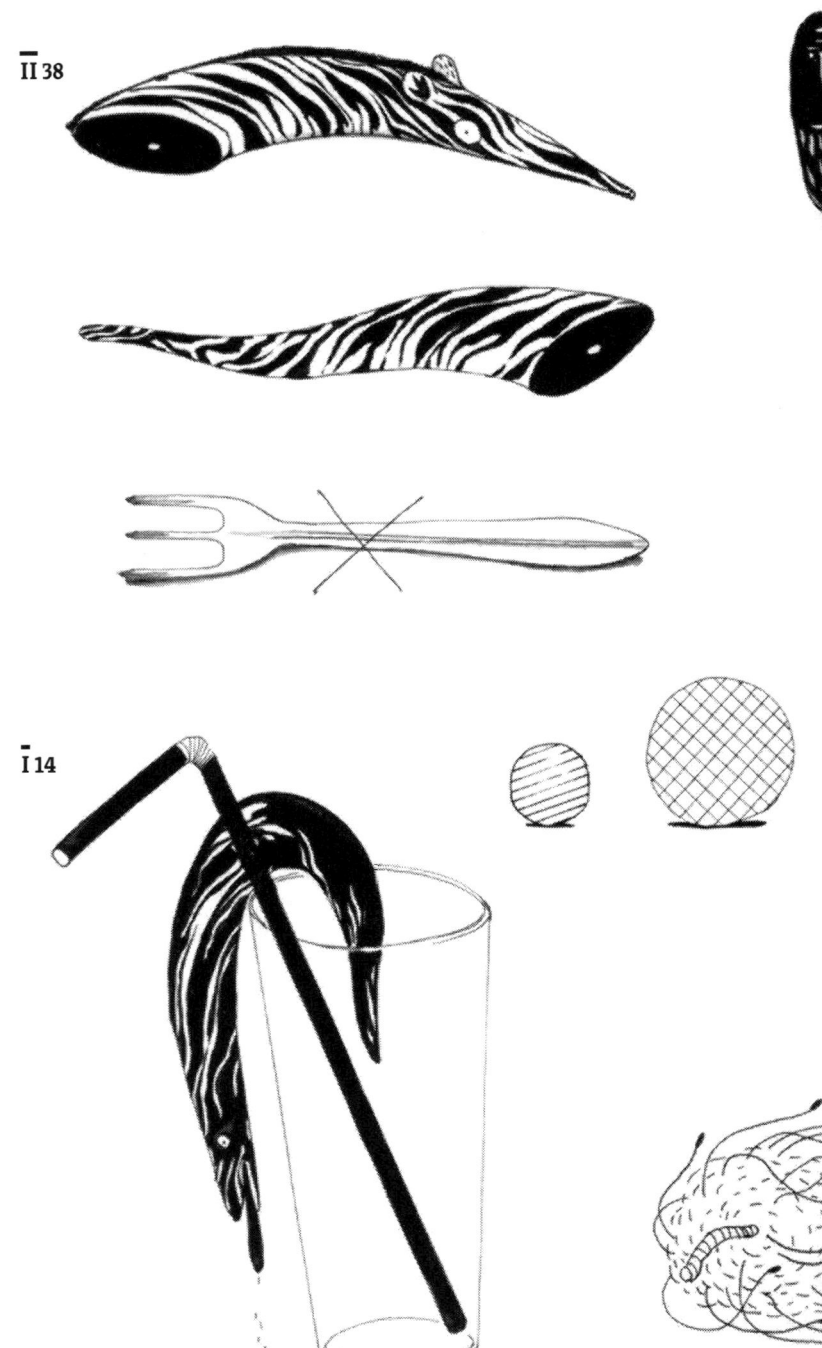

II 38

I 14

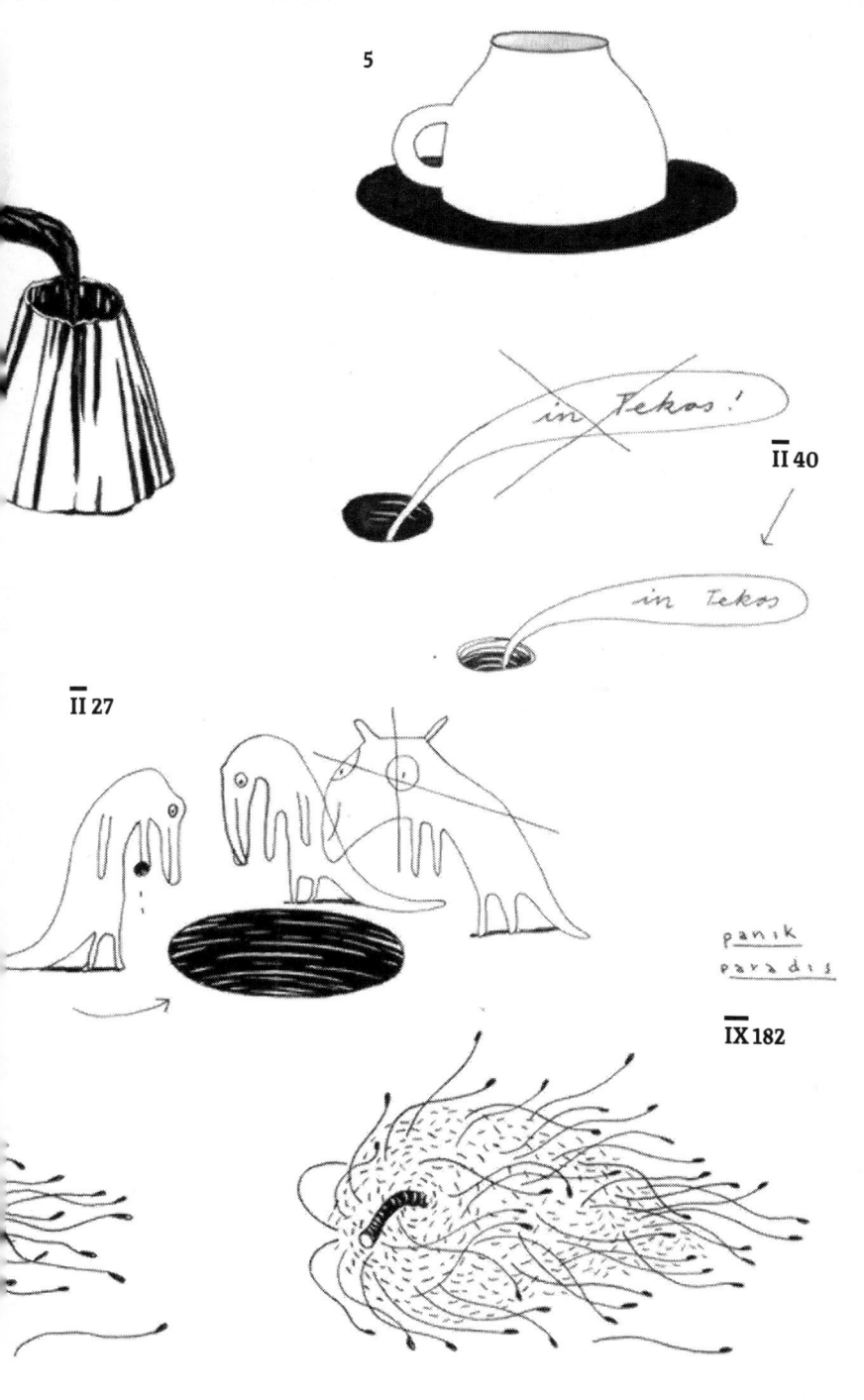

5

in Tekos!

II 40

in Tekos

II 27

panik
paradis

IX 182

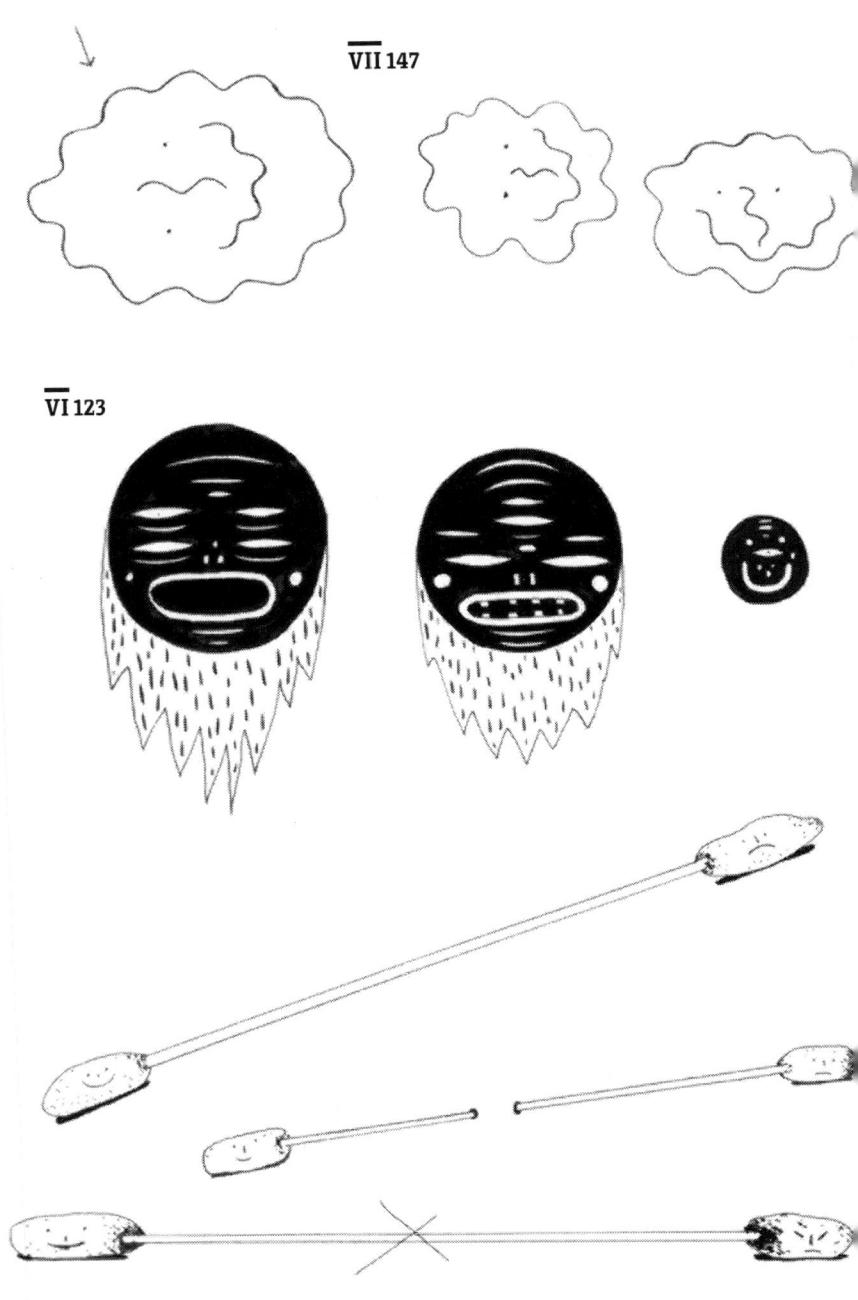

$\overline{VI}$ 122

$\overline{V}$ 93

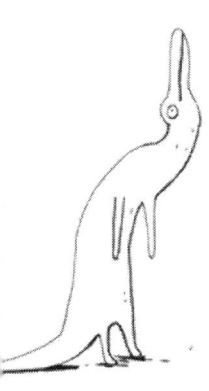

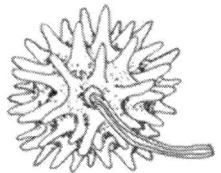

$\overline{IX}$ 182

Ī 14

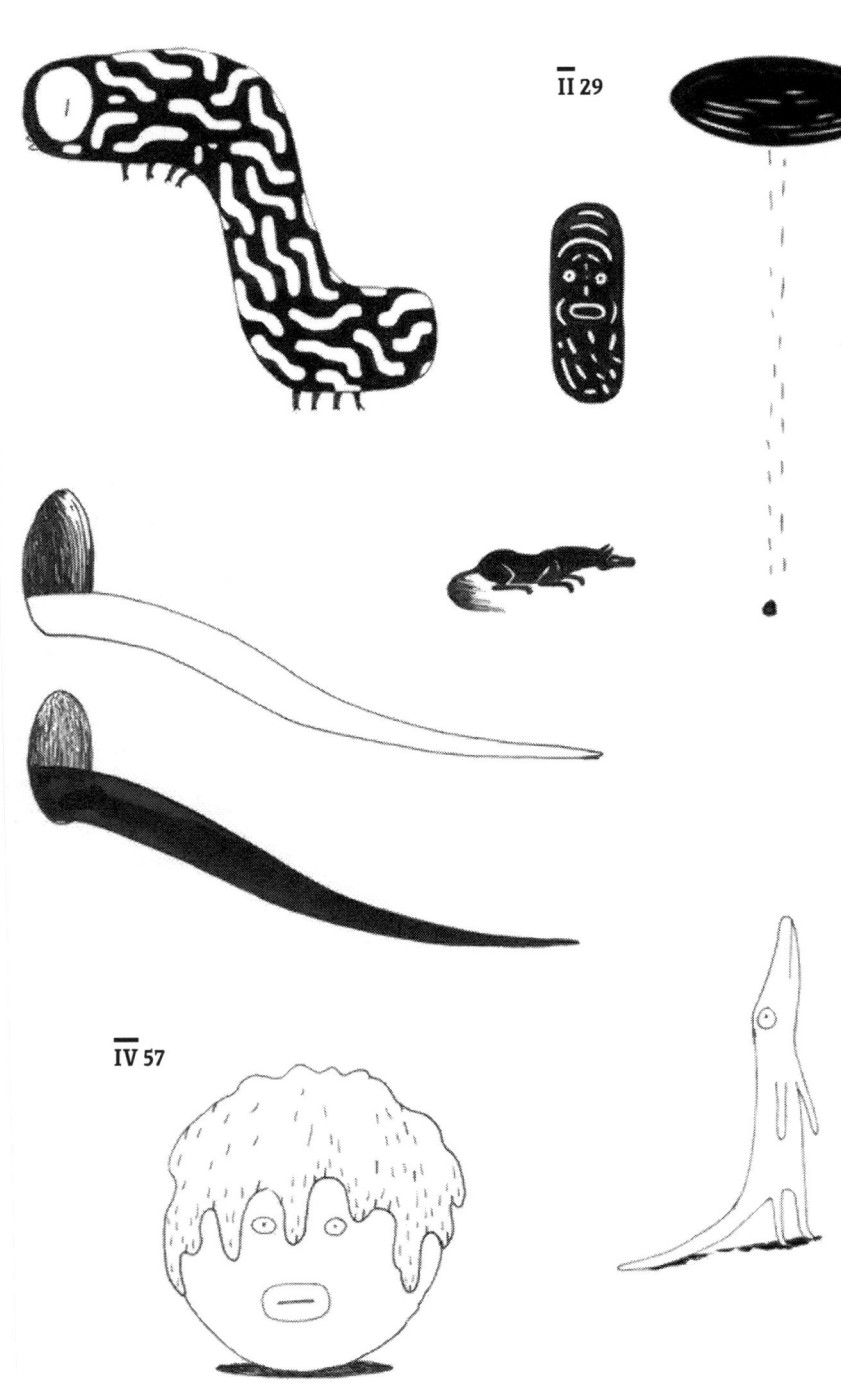

II 29

IV 57

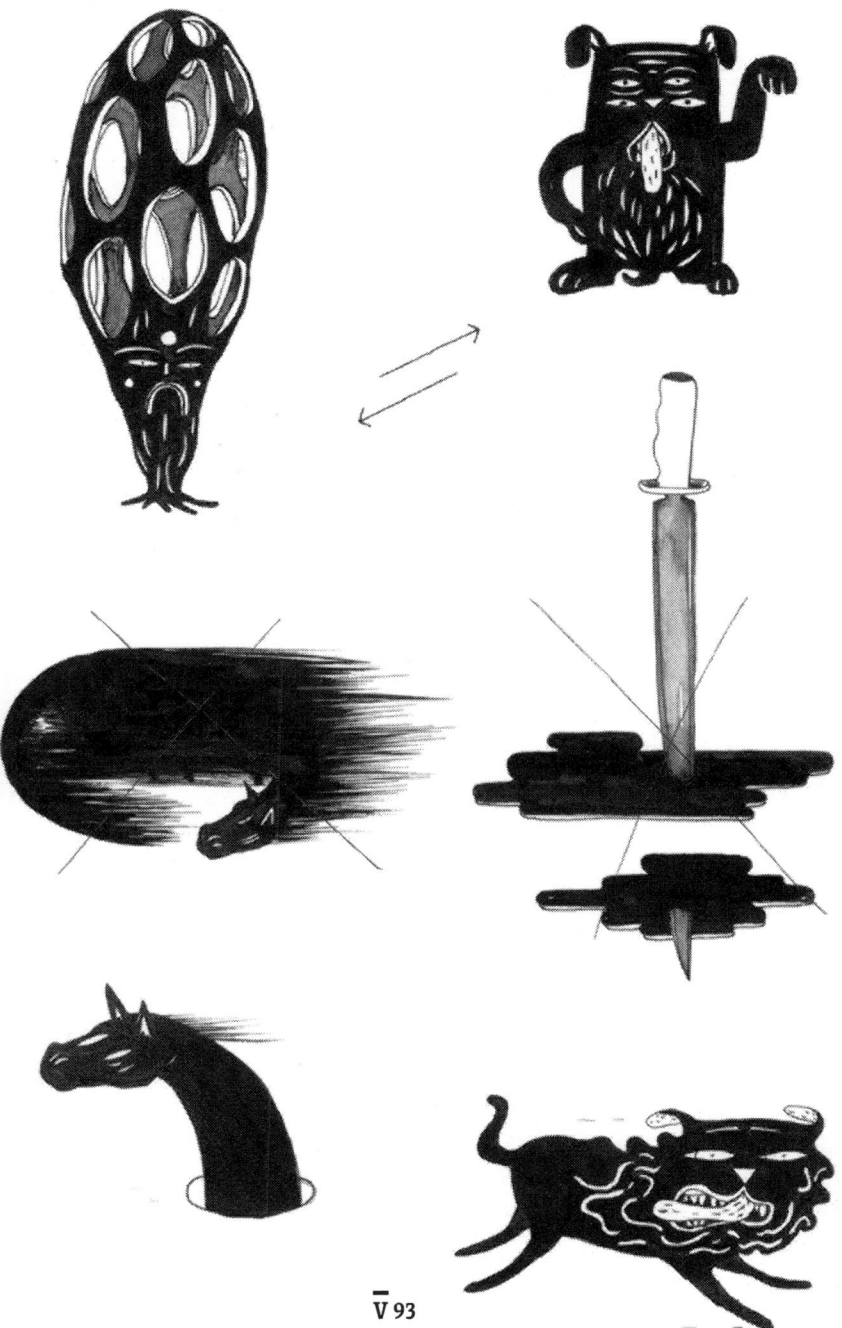

IX 187

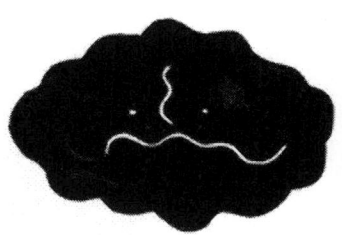

II 29

VII 147

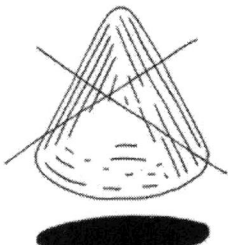

CAPUT VI

rhyme machine

1

zehn pferde sind zerknüllt im stall

zehn jahre sind verschluckt im all
zehn jahre blütenschau und eis
zehn jahre kinderkicker wildes gleis
zehn jahre deine roten haare
zehn jahre meine kirschdiebstare
zehn jahre meine dicken macken
zehn jahre deine bomberjacken
zehn wale sind versenkt im meer
zehn jahre liebesgrenzverkehr

zehn jahre scharfschützengewehr
zehn jahre lachgas und dessert
zehn reime sind zerpflückt im gras
zehn jahre sind kein honigfass
zehn jahre sind kein feuerwerk
zehn jahre sind ein fieser zwerg
zehn affen schon verrückt geworden
zehn jahre selbstgemachte orden
zehn jahre silberschweif und tannen
zehn jahre weihnachtsmänner fangen
zehn jahre kinderlachen züchten
zehn jahre kinderweh zerdrücken
zehn jahre deine warme brust
zehn jahre leichen blutverlust

zehn spatzen sind verschluckt im himmel
zehn jahre sind ein apfelschimmel
der watet durch die nassen wiesen
und legt sich hin beginnt zu niesen
niest alles aus die vollen jahre
steht wieder auf erblickt die bahre
und schüttelt sich und galoppiert
zehn eimer zucker hingeschmiert
zehn eimer leben ausgekippt
zehn jahre länger ausgetickt
zehn jahre sind noch einmal drin
zehn jahre sind der hauptgewinn
zehn katzen fressen neunzehn hunde
zehn jahre falln in eine stunde
zehn jahre sind ein dschungelbuch
zehn jahre liebeshassentzug
zehn jahre länger will ich sein
zusammen mit dir im mammutschrein
zehn jahre länger kinder füttern
zehn jahre länger nervenschüttern
zehn tauben scheißen unters bett
zehn jahre sind ein heller fleck
zehn jahre sind ein goldner säbel
zehn jahre sind verschluckt im nebel

tiger tiger in der luft
tiger wie ein frühlingsregen
deine dunklen streifen sägen
mitten durch ein fliederherz

115

tiger tiger in der luft
tiger wie ein sonnengitter
deine glüh- und endlosritter
ziehn die tulpen aus der gruft

tiger tiger in der sphäre
tiger wie ein welterblüher
deine zähne bunte fühler
denkt sich kopf fast ohne schwere

$\overline{\text{VI}}$

doch die zähne, tiger tiger
kehren wieder, immer wieder
nach dem blühen rolln die köpfe
aus den dolden die geschöpfe

in den matsch, die neue zeit.
liegen da in endlichkeit.
tiger tiger in der höhe
ist dein lieben kurz wie flöhe?

nicht auszudenken, dass wir uns verliern
doch wir verliern uns, unsre körper wehen

wie kleine fahnen beim appell, verschmiern
die zeit frisst ihre kinder auf im gehen.

warum wir nicht verzweifeln müssen immerfort?
gibt es einen chip, der gnädig ist
ein rest von tiervertrauen, ein ozelot
der uns für immer trägt, uns frisst

die tiefen dunkelströme weg im sprung?
nur manchmal: jäh weggerissen die kulissen
gerade noch dein leuchtend roter mund

schon brechen zähne durch die lippen
falln klirrend aus und alle besen fegen
hörn nicht mehr auf und fegen fegen –

4

im blassen großstadtgarten neues biedermeier
schon wieder sind die stunden weg, vergraben
die fetten baumarktknollen (hyazinthe, tulpeneier)
stehst da: ganz ohne schutz mit offnem mund am spaten.

kein husten im gehirn, die viruslast verschwimmt
die unsichtbaren kraken, die von außen greifen
jetzt still: wie ausgestopft. ein dünner grind
auf winterangst. die gärten flüstern, heilen ..

heiln nicht. schon blinkt die warn-app im gerüst.
du kannst den menschenarmen nicht mehr traun
den weißen laken. du bleibst für lange ungeküsst.

du bleibst für lange in den drahtverhauen.
nein, bleibst du nicht. die gräser bleich, vernarrt
in jede angst. leg dich zu ihnen: sie ziehn sie ab.

VI

vergiss den streit, vergiss vergiss
dein morgen ist ganz ungewiss

nur zufall will, dass herzen schlagen.

verpiss dich zorn, verpiss verpiss
dein deo ist wie mäuseschiss
nur zufall will, dass wir dich tragen.

vermiss dich gott, vermiss vermiss
dein wort ist leis wie käfer-kiss
nur zufall will, dass wir dir sagen:

wir können dich hören .. hören .. hören
manchmal im klo, im sturm, in miesen chören
nur zufall will, dass wir vernarben

vergesst euch selbst, ja selbst, ja selbst
das höchste level dieser welt
nur zufall will, dass wir versagen.

vertrau zu sterben, lern die erde
solang du augen hast, verneige
schwestern, brüder: glas und berge

119

kein andrer pfad zurück ins weite
vertraue sprung, die stirne runter
im kleinen becken, weg die scheibe

viel zu gewinnen, der alte plunder
wie weggefegt, der schmerz entstromt
reich ohne kopf, noch nie gesunder

$\overline{\text{VI}}$

bleibt auch zurück der trauerdom
am bett, die blassen zitterkinder,
ist nichts, worin sich lange wohnt

kommen alle an im teilchenwinter
nah an der sonne, muttergas
strömen alle an, galaxisrinder

vergessen welt und grünes gras.

nichts fliegt mir zu, heut muss ich greifen
nach fremder leute lachgeschick
such nah den köpfen in der luft nach seifen

unsichtbar, die sie benutzen für ihr glück
such irgendwas, was sich auch mir in meine hände
legt, in meinen mund, ein kleines atemstück

das mir den tod wegwischt: die wände
die ich sprayte: zehn meilen gedankenscheiß
im glitzerlook auf dem verlustgelände

meines angstpalastes: feuchtestes dunkelweiß.
nichts fliegt mir zu, heut muss ich greifen:
fass in die offenen münder, lauf im kreis

ertaste nichts, dann plötzlich schleifen
sehr klein am zäpfchen baumelnd wie der liebe gott
oder kompott abseits der abschluckschneisen.

bei mir hängt nichts. ein leerer pott
mein leerer mund. kein gütezeichen
am geschenk. bin einfach hingeschenkt, bankrott.

bin einfach hingeschenkt von teilchen
die keine schleifchen machen und kein auferstehn
bin hingeschenkt an mich von kleinen leichen

die um mich rumschwirrn wie debile feen.

gleicht einem wunder, wenn die dämme halten.
was sind die dämme: jahresringe? kinder?
der stausee drückt, ein heer von flutgestalten
tagespflichten, die unaufhaltsam an die mauern springen.

fast zugebaut das alte unserland: begierden, triebe
freizeit und lässigkeit, das alte arschlochleben.
gleicht einem wunder, wenn die körpergräben
noch gestürmt sind so wie früher in der diele.

was wächst im tal, was würde untergehen
wenn alle konstruktionen stürzen? was ist das tal?
kaum zu erkennen. auf den dämmen stehend

sind wir wie blind. obwohl wir alles tun fürs tal.
der einzig ort, wo kinder glücklich wühlen
im sand, im gras .. wiegt alles auf? unser verkühlen?

schon jahre kein schnee in den ebenen
nur gestöber im brustraum, kalte strukturen
zwischen den lungen sätze wie urnen
zerriebene worte im innern der lebenden.

123

wie fing es an nicht mehr zu gleiten?
die harten krumen auf den körperflächen ..
wie fing es an nicht mehr zu lächeln?
wie fing es an das stumpfe feilschen?

fing an wie alles anfängt zu verwildern
wenn keine hände mehr im garten flirrn:
die zäune falln, die tulpen pilgern

VI

zurück ins land. stehn da die alten lauben
gefüllt mit displays, kochgeschirrn
dem überlebensgroßen kind. verstaubte friedenstauben.

schwerstes haustier, höchstes level
anarchisten, weg die wege

krabbelklumpen, voller kessel

kaum zu meistern körperpflege
windelgruben, falsche schuhe
keine kraft für aufbaurede

schlafgestörte pommesbude
aufgeräumtes küchenplatzen
zugemüllte wildschweinkuhle

leichtes level ohne tatzen
ohne haustier pärchensegen
brunchgewitter, goldmatratzen

will nicht tauschen nervensägen
nur verschnaufen, kurz verschnaufen
stoppen alle pferdewägen

nicht verkaufen, nur mal saufen
wieder gammeln in den ritzen
vor sich hinstarrn, leise fauchen

zwei, drei stifte langsam spitzen.

es ist in uns, wir sind in ihm, ihm sind wir fern
ein kurzes rennen um die goldnen schweine
schon sinkt ein bein ein, noch ein bein

der weiche strick, an dem wir hängen, leiden
die rote nabelschnur gefüllt mit kreiden
es ist in uns, wir sind in ihm, ihm sind wir fern

die uhr, die kriege führt, die dürren zahlen
im kopf gestrandet: worte, qualen
schon sinkt ein bein ein, noch ein bein

die zeiger im gesicht, ihr ticken ticken
hörn dieses ticken ticken, immerpflücken
es ist in uns, wir sind in ihm, ihm sind wir fern

die hand verbogen im gebet, zersägt
die elternhüllen, die ihr kind begraben
schon sinkt ein bein ein, noch ein bein

türmt alle angst sich auf zu gier und trauer
das tier, das um sich beißt in leeren mauern
es ist in uns, wir sind in ihm, ihm sind wir fern
schon sinkt ein bein ein, noch ein bein.

ich wollte liebeszeug verzapfen und jetzt das!
kurz abgelenkt muss ich an päpste denken

an dürre päpste, die nichts selber schenken
nicht einen vers, und trotzdem sagen: das und das

ins töpfchen, ins kröpfchen .. als wär's ein heidenspaß.
und ich mit gott im kopf noch wie im kindergarten ..
was soll's, wenn ich so weiterbuddel hier mit spaten
landet das ding zu recht im kropf, ein guter pass

muss her, der nochmal alles dreht, ein dicker hund
der meine liebe bellt zu dir und hintenrum
vor lauter wackeln fast zum einsturz kommt.

es ist egal, wo wir jetzt landen (drinnen, draußen)
nimm meine pfote und stell ab mein rauschen
es stimmt ja doch: nur stille glänzt, ganz unzerbombt.

13

oh haltet an die hassmaschinen
die euch so lang wie freunde schienen
bleibt einsam, zweisam, zwanzigsam
erst wenn ihr anschwellt, kommt der schlamm

erst wenn ihr anschwellt, schrein die mörder
erst wenn ihr anschwellt, fallen wörter
wie kot von euren zungen, lippen
stinkt ihr zum himmel: menschensippen.

könnt nicht mehr stoppen die verklumpung
könnt nicht mehr stoppen die verwundung
die hassmaschinen im immerstrom.

VI

hilft nur der fels, der still im weltall thront
und sich zur erde stürzt, die brände löscht, so leis
in allen displays: dunkelheit. der staub. das eis.

rhyme machine kann nicht mehr stoppen
rhyme machine will mit dir poppen
rhyme machine will dass du klapperst
rhyme machine will dass du sabberst
rhyme machine will dir ans leder
rhyme machine dein weißer peter
rhyme machine will dich tranchieren
rhyme machine will dich skalpieren
rhyme machine macht dich lebendig
rhyme machine sagt dass du endest
rhyme machine lügt dich nie an
rhyme machine dein seelenkran
rhyme machine liebt deine meisen
rhyme machine lässt dich entgleisen
rhyme machine nimmt deine glieder
rhyme machine macht dich zum biber
biberst rum den ganzen tag
zernagst die welt baust deinen sarg
bis rhyme machine dich umbenennt
in wasser das durch särge rennt
denn rhyme machine ist große show
rhyme machine kippt dich ins klo
rhyme machine nennt dich gesindel
rhyme machine dein bester pinsel
rhyme machine schenkt dir einen kropf
rhyme machine dein goldner topf

rhyme machine nimmt dich gefangen
rhyme machine baut endlosfallen
rhyme machine legt dich in ketten
rhyme machine will dich belecken
rhyme machine will dich bewachen
rhyme machine will liebe machen
mit dir und allen krummen zeilen
mit dir und allen schiefen steinen
mit dir und allen pflanzensäften
mit dir und allen schattenkräften
mit rhyme machine verblüht dein haus
mit rhyme machine stirbt dein applaus
nur rhyme machine ist ohne ende
nur rhyme machine ist ohne wände
nur rhyme machine ist ohne uhr
nur rhyme machine ist big-bang-schwur

centre court

1

du hast gelauert hinter rot verstaubten plätzen
du hast gelauert auf die grellen sehnsuchtsbälle
du hast gelauert auf die miesen schläge: fälle
von himmelschuss und himmelsturz, gesetzen

folgend, die du nicht verstehst, an die du glaubst
im dickicht hockend über stunden
die welle bärlauch, die dein hirn abbaut ..
endlich der eine schlag: gestürzt, gefunden!

die gelbe filzfrucht in der kinderkralle!
die alten leute mit ihren wahnsinns-*dunlop*-schlägern
die dich rufen, dir auf den fersen, noch rote erde

an den schuhen. doch nur im falle deines todes
bliebst du jetzt stehen bei den jägern.
zuhaus! geschafft! du hast den westball, alle pferde!

ein halbes leben später in der truhe deine hand
die schätze hebend: flummis, matchis, fahrradspiegel
pionierausweise, wimpel, vergessner *fetzer*-riegel
flugzeugfotos, flugzeugseife und dein diamant:

das alte *interflug*-besteck aus plaste in der durchsichthülle.
und mittendrin der gelbe ball! noch immer grell.
zuletzt berührt im kinderzimmer: westtier, seltnes fell.
grab eines sammlers, luft strömt ein .. war das idylle?

verlustangst noch im letzten winkel deiner truhe.
allzeit bereit, dem wohnungsbrand knapp zu entkommen
allzeit bereit, dem untergang des landes beizuwohnen

mit nichts als dieser einen schatzzerkratzten truhe.
meerschwein und eltern wie verschwommen
im rauch .. ein halbes leben .. flügelreste auf balkonen.

gräbt ein grab durch die welt

1

komm in den hassgefüllten mann und schau:
der löffel gold, der in den windeln steckt
der schnuller eitelkeit, die kalte vatersau
die nur den sieg, den sieg, den sieg beleckt.

dort sieh den mund von innen: das lügenloch
woran der darm anschließt der dicke docht.
und da das hirn, verwelkt im ungefühlten.
rühr bloß nichts an, denk an die üblen drüsen

die dir ins auge schießen hässlichkeit.
du bist im sperrgebiet: verseuchte lippen
du bist im sperrgebiet: entherzte rippen
wirf dich ins flimmerepithel und schreib:

2

heut nacht schmilzt trump im weißen haus
schmilzt weg im bett wie alter reifen
geföhnter rattenschiss, auf einmal stau
im hass-account, geruch von seifen

heerscharn von lappen, die jetzt reiben reiben
heerscharn von geistern, die sich überschlagen
die fette lügenpfütze wegzuschaben
das kleine mundloch voller bräunungsgeigen

VI

der kleine wörteranus, der noch immer zuckt
ganz obendrauf kurz vorm zerlaufen
die coca-cola-zähne schon versuppt

jetzt ist der eimer voll, ein letztes schnaufen
ein letzter rülps, dann geht es los, so schnell wie nie
die engel fliegen fliegen .. zum außenklo der galaxie.

neuronen verdampfen, wie einfach das ist
der faschist hat getwittert, der faschist hat gepisst
worte wie säuren bis in den morgen
hass destillieren, schädel verkorken

verschlissenes märchen vom großen gehirn
beschissenes märchen von höherer stirn
präsidenten-account, die fakten zerkaut
präsidenten-account, die seelen versaut

evolution: verwirrte enzyme im thron
galgengenom, dysfunktion, defäkation
jedes andere tier ist veredelt im kopf
jedes andere tier ist veredelt im kopf

gräbt ein grab durch die welt nur das eine
sägt einen sarg aus der welt nur das eine
unstillbares wollen, unstillbares scrollen
von kriegen, zu kriegen, zu kriegen, zu kriegen

dazwischen das küssen und trösten und wiegen
dazwischen das beten, verzeihen, verlieben
das wünschen und träumen und alles verschenken
gefangene drohne, nicht länger zu lenken.

$\overline{\text{VI}}$

CAPUT VII

eisenbahnstraße

1

waffenverbotszone
gefährlichste street
im coronaschlaf zahm
alle nagelstudios geschlossen
alle wettbüros spielhallen
alle friseure geschlossen
alle überfälle geschlossen
alle christenlehren und spätis
alle döner geschlossen
alle messerstechereien geschlossen
alle brände und rocker
alle shishas geschlossen
alle umarmungen geschlossen
alle apotheken geöffnet
alle minderjährigen dealer geöffnet
wie immer vorm aldi
alle fenster geöffnet
alle gullys und blüten
alle tüten geöffnet
in der luft schwebend tanzend
alle krähen geöffnet
stolzierend im *rabet*
unter blühenden büschen
beschwingte bestatter

alle bäume geöffnet

alle ameisenstraßen geöffnet

alle kaugummis auf dem asphalt

alle spucken geöffnet

alle särge geöffnet

alle lustbeutel zu.

altes gleisgelände rosa-luxemburg-straße:
die schwarze setterschnauze, die dich findet
prinzessin, und wachküssen will
im bellenden sonnenschein: übertötung
übertragung ungebändigter wucht
prinzessin in dich, dreifaltigkeit: drei-
fach gebrochene stirn, zertrümmerte
bögen und augen, zertrümmerter schoß
deine heraushängenden herauslaufenden
an der luft faulenden träume über den
gleisen über deinem gleißenden körper
über deinem entgleisenden körper
einzige zeugin: spielzeugdrohne
hoch oben am himmel im bellenden
sonnenschein, letzte verbindung zu menschen
vergeblich, nur einhundert meter entfernt
im garten spielend mit jungen katzen
mein verlottertes nichtsahnendes heraus-
tropfendes *ich* nähe eisenbahnstraße
nähe niemandesstraße

In Gedenken an Nicky (25), ermordet am 15.03.2020.
Es heißt Femizid.

immer wollte das kind bleiben
mittendrin im krach der gelbfiebrigen bagger

mittendrin im quietschen der laster
mittendrin im staub der entkernung
mittendrin zwischen containern
voller bauschutt
asbest.

das war die heimat.

niemals wollte das kind umziehen.
jetzt ist es umgezogen worden
im sturmwind des januars.

alles ist größer geworden, die zimmer
ein eigener garten mit flieder und beeten
ein eigenes stadthaus mit sozialistischer miete
beinah. wem hat es genützt?

das kind sieht die plastetüten auf der eisenbahnstraße tanzen
dem frühling entgegen und den straßenbahnen nach
das kind sieht die alten sofas auf den gehwegen
ausgesetzt und durchnässt, lässig trocknend
das kind sieht die hundehaufen in büscheln von gras
langsam erkaltend in ihrem einsamen versteck

das kind sieht die verfärbten ohrenstäbchen
unter dem fenster, das gerade noch offen stand .. gerade noch
das kind sieht die dönerreste neben dem bordstein
die sich nach duftendem fladenbrot sehnen
nach zehn verschiedenen soßen von ali
das kind hört die sirenen im garten neben seinem beet
und vergleicht sie mit baggern und lastern
dem kratzen der container auf dem asphalt
wenn sie hochgezogen werden auf den laster
unter seinem fenster früh am morgen
in der verlorenen straße.

niemals wollte das kind umziehen.
jetzt ist es umgezogen worden
im sturmwind des januars.

selbst der märz
selbst der april
selbst der mai
haben keine salben gebracht
die wunde heilt nicht
das phantom bleibt
die amputierte baustelle
voller neuronen
feuernd und glühend.

4

der hund ist alt geworden in dieser straße
von einem monat zum nächsten
weiß nicht, wie das geht, vorher acht treppen
jetzt nur noch zwei, doch zwei dauern wie acht
wie zweimal acht, viermal, achtmal.
der gang zum runki-platz zäh wie leim
kaum zu verhindern, dass sich der hund
schon vor der grasnarbe entleert, gleich hinter
der ampel am letzten german imbiss
wo schon kugeln flogen, körper umfielen
vier jahre her: hells angels gegen united tribuns.
die hündin kann nichts mehr halten
es strömt aus ihr heraus, das ganze leben
scheiße und energie. nur manchmal
schnappt sie noch mit einem flackern im auge
nach einem fleischstück am boden
und ich sag nicht mehr *pfui*. lass sie schnappen
und kauen das kalte fleischstück vom boden
nur um ihr leuchten zu verlängern
in ihren grau-starigen, aber immer noch
bernsteinfarbenen augen. soll sie es kauen
das stinkende teil wie eine letzte praline!
ladydog, du bist alt geworden in dieser straße.
von einem monat zum nächsten.
weiß nicht, wie das geht.
schade. so schade.

neustadt deine fliederbüsche
neustadt deine dönerküsse
neustadt deine fetten reime
neustadt deine bullenbeine
neustadt deine assikarren
neustadt deine obstplantagen
neustadt deine blutergüsse
neustadt deine robinienflüsse
neustadt deine kugelwesten
neustadt deine kummerkästen
neustadt deine sofagrüfte
neustadt deine blaulichtlüfte
neustadt dein raketenkreuz
neustadt dein gebetsgeräusch
neustadt deine plastetüten
neustadt deine immermüden
neustadt deine dünnen dealer
neustadt deine dicken schüler
neustadt deine langen gleise
neustadt deine hundescheiße
neustadt deine bunten schleier
neustadt deine lebensfeier
neustadt deine reisigbesen
neustadt deine nassen tresen
neustadt deine wilden rosen
neustadt deine currysoßen

neustadt dein geklautes rad
neustadt dein falafelsarg

neustadt deine alten segel
neustadt deine falschen fingernägel
neustadt deine kleidersäcke
neustadt deine spritzbestecke
neustadt deine neuen bärte
neustadt deine wilden zwerge
neustadt deine thälmannjahre
neustadt deine nazibahre
neustadt deine alten meister
neustadt deine neuen geister
neustadt deine neuen neuen
neustadt deine treuen treuen

komm in den angstverstopften kiez und schau:
die längsten messer an den dönerspießen
die längsten waffen auf den dealerwiesen
super soaker floodinator, grünorange und blau.

dort nimm den fetten beat im dunklen benz
das goldene licht, das aus den ketten hängt
wegblitzt aus dubais laden in die street
springt in die augenschächte und verschmiert.

vergiss auch diese früchteorgien nicht
den zuckerknall in aufgetürmten pyramiden.
lebst nicht viel kürzer hier auf eisenschienen
lebst auch nicht länger, pissgesicht!

VII

fast an den gleisen
den rostigen grenzen
plötzlich lagune
schwappt in die meißner
neustadt wird rosa
lila, orange
grün und ocker
bis in die türen hinein
bis in die fenster
burano im osten
die strahlenden wände
städtischer fischer
aus den ritzen gespült
ihr heiseres lied
in die wiegen gebrummt
in die träume gesummt:
eine krone zwei kronen
drei kronen vier kronen
manches was man haben will
ist nur viel zu teuer
aber alle liebe auf der welt
kostet gar kein geld
aber alle liebe auf der welt
kostet gar kein geld
gar kein geld

8

auch superhelden wohnen hier
zum beispiel **rotzman** alphatier
im erdgeschoss im fensterloch
die spucke tief in rotzman kocht
mit gelben superspeicheldrüsen
bereit fürs superdüsenfliegen
rotzt rotzman dann aus allen rohren
das böse mit den großen ohren
schleicht vorbei und klebt dran fest
zappelt wild, doch ganz zuletzt
kommt rotzman aus der supertür
und saugt es auf wie krepppapier
so lässig wie das rotzman macht
den feind recycelt, neuer saft
braucht keine bullen mehr im kiez
solange rotzmans rotze fließt
nur nachts nach allem weltenretten
muss rotzmans spucke an die ketten
klebt rotzman alle düsen ab
mit wattepads und panzerband
liegt einsam an der neubauwand ..
wusst lange nicht, wer rotzman ist
lief nur vorbei, sah sein gesicht
aus dem die rotze flog und flog
mir um die ohren, ich dann so:
was soll die superekelbatzenshow?
doch rotzman nur: halt's maul, du klo.

*06:06 **Bullen** schicken Leute vor dem Haus weg.*
Es wird wahrscheinlich geräumt. Kommt sofort vorbei!

150

der hund hat wieder gebrochen
die ganze nacht. nur noch galle.
kommt nicht zur ruhe. – sie
kommt nicht zur ruhe.

06:10 Cops versuchen Tür aufzubrechen. Kommt sofort vorbei!

niemand kommt mehr vorbei
um dich zu reparieren, mein engel.
es geht nur noch vorwärts. abwärts.
jeder rückweg versperrt von organen, trümmern.

06:37 Die Ludwigstraße durch Polizei gesperrt, auch in umliegenden
Straßen erhöhte Polizeipräsenz. Wahrscheinlich Polizei im Haus.
Geht hin, beobachtet, blockiert und sabotiert falls möglich.

die welt da draußen
nur noch ein glühwürmchen
im herzen eines rumänischen fellbündels.
ein kirschkern im mund.

06:57 Sammelt euch an der Hedwigstraße und an der
Hermann-Liebmann-Straße, damit gesehen werden kann,
ob wer verhaftet wurde. Schreibt uns dann.

ich kann euch verstehn
nur bitte keinen lärm!
heut sterben tiere im viertel
aber ihr werdet leben, immerhin ..

07:02 Wenn Menschen zur GeSa verschleppt werden, organisieren wir
GeSa-Proteste! Schreibt uns, wohin die Menschen gebracht werden.

du mündest im garten
im meer, so ist es beschlossen.
ein strand nur für dich
ganz hinten am kirschbaum.

09:31 Vier Leute wurden festgenommen, zwei Leute
sind in der GeSa Dimitroffwache. Lasst die Leute frei!

VII

ja, lass sie frei, deine meute
lass sie los, deine seele
schon polarlicht im auge
dein gefangenenlager: fast leer.

11:10 Alle in Gewahrsam gewesenen Personen sind wieder
aus der GeSa raus. Heute wurde uns die #luwi71 genommen.
Wir sind wütend. Haltet euch für die morgige Tag X+1-Demo bereit.

wie wird dein morgen sein?
du wirst dich umdrehen und der hund

eines andern sein. der hund meines vaters
ein quantenhund ohne leine.

*11:35 #tagxpluseins Morgen, 21h, treffen wir uns vor dem ALDI
beim Rabet, um unsere Wut über die Räumung der #luwi71
auf die Straße zu tragen! Kommt zahlreich. Die Häuser denen,
die sie brauchen. Feuer & Flamme der Repression!*

hörst du sie noch? die welt da draußen
schreit. straßen werden brennen,
knüppel, tränengas, wunden.
aber du bist befreit.

> von allen menschen.

ladydog, gute reise!

*(alle Tweets aus @leipzigbesetzen: Besetzer*innen-Initiative für
selbstverwaltete Freiräume und die Rückeroberung des Lebens in
der Stadt, 2. September 2020)*

9. februar, neustädter 9: mittagszeit, loderndes treppenhaus
ader aus holz, unpassierbar. 28 menschen, drehleitern
rauchvergiftung, kinder im schneeanzug
krankenstation, notunterkünfte, mitten im winter
gleich nach dem schneesturm, unbewohnbares haus
ohne stufen, schwarzer pinsel im innern, gesplitterte fenster
rauchender colt. rauchender colt! wer hat geschossen?
irgendwer hat geschossen! WER HAT GESCHOSSEN?
ich hau dir aufs maul, ICH HAU DIR AUFS MAUL, mitten am tag
hustende kinder in hausschuhen, lockdown, alle zu hause ..

VII

ruh dich jetzt aus von der gefährlichsten street
lauf in den park, den's noch nicht lange gibt
leg dich zum brombeergestrüpp in die hügel
leg dich ins *rabet*, zähle die flügel
über dir krähen, deine schwarzen begleiter
über dir wolken, deine weißen verneiger
unter dir straßen, versunken am stück
hießen *martha* und *melchior* und *rosen* zerpflückt
und häuser wie geister noch um dich herum
standen zu hundert und fielen dann stumm
ins gras wie soldaten der alten armee
ruh dich jetzt aus, die welt zahlt in schnee
doch kann dich auch wiegen für einige stunden
ruh dich jetzt aus von den eisigen runden.

$\overline{\text{VII}}$

CAPUT VIII

notizen aus dem menschenpark

1

noch bist du voller gefäße 157
nährstoffe und zellen
die dich erzittern lassen

noch voller wünsche
gedanken und pläne
die dich nichts wittern lassen

noch bist du *etwas* das lebt
in totaler distanz
in größter erschöpfung

VIII

libellenhaft leicht
in den biergarten hineingeflüstert
unter platanen aufgefächert
dein metallisch glänzender satz:

ich wünschte, alle menschen hörten auf zu sein
jedes tier atmete auf, jeder baum
jeder stein

dein flirrendes lächeln
das um den glasrand huscht.

die kellnerin, alt geworden
mit zu vielen tellern
schwankt auf uns zu:
du lachs auf salat, ich schnitzel
auf einem gebirge kartoffeln.

ich leide wie ein hund
solange das kind leidet, sage ich.
seit fünf tagen schon
fieber und schmerz
eine armee von bläschen
offene geschwüre
der kleine rachen
wie mit feuer überzogen
ist das die hölle?

ja, die hölle, sagst du.
alle menschen leben in dieser hölle
arme geschöpfe
aber nicht nur arm.

solange sie leben
vergrößern sie diese hölle
die seit anbeginn da ist
sie einschließt.
ganz anders tiere:
tiere töten, um zu überleben
ohne höllisch zu sein.
außer affen, schimpansen
halb menschliches pack:
führen kriege
schänden leichen.

VIII

aber es ist mein kind, sage ich
ohne zu essen. wie soll ich essen
solange das kind weint
vor lauter geschwüren, weint
bei jedem abgeschluckten
und wieder ausgespuckten bissen?
was soll ich anfangen
mit diesem unnützen
zeitungsgroßen stück fleisch
auf meinem teller?

es tut mir leid, das kind, sagst du
aber es gehört zu uns.
alle menschen wollen das gute
nur erreichen es nie.
auch das kind.
sobald es wieder kauen kann
wird es immer heftiger kauen
immer wilder
wird jahrelang kauen
jahrein jahraus
bis es groß geworden ist
das kind.
es wird seinen menschlichen
schlund öffnen und schuften
in irgendeinem beruf
der irgendeinen namen trägt
doch in wirklichkeit
gibt es nur einen einzigen beruf
für uns menschen
sagst du:
die hölle zu vergrößern
in die wir hineingeboren sind
diese hölle immer weiter
aufzublasen
sagst du.

aber es ist doch mein kind, sage ich.

es ist eines von uns, sagst du.
nur eines von uns.
ein höllischer bläser.
ein höllenaufbläser.

3

ball
>   ball ball
> ball
>   ball ball

strömt heraus
aus meinem kopf
so rund und voll
so schön wie essen
nur andersrum
und alle lächeln:
geht durch mich durch
so schön wie essen
und wie ball
sogar noch wärmer ..
weiß nicht was schöner ist
heraus? herein?
ball oder lächeln?
nein, essen
ist am schönsten
weil ich hungrig bin
nein, lächeln
ist am schönsten
und am allerschönsten
>   ball
ball ball

4

der andere: sehr eigen, verschlossen
ohne signale, sich zu unterwerfen.

niemand kommt hinein in seinen kopf:
die zugbrücke oben, der graben geflutet.

die augen, der mund: ganz unbeeindruckt
von ihm. das macht ihn rasend

den einen! alle kinder in der klasse
spüren sie: die strahlen der macht

– *seiner* macht – nur nicht der andere!
man muss ihn auseinanderreißen

noch heute! schmerz muss fließen
in allen gefäßen. bis er sich unterwirft.

dann wird alles gut. auf einen schlag.
warum versteht er das nicht, der andere,

unbeeindruckte, der ohne signale?
weil er ein nichts ist! noch heute

muss man ihn der gefolgschaft hinwerfen
wie ein stück fleisch dem rudel

gespickt mit wenigen worten.
man muss die behauptung wie ein messer zücken:

ein blitzendes jagdmesser mit einem griff
aus elfenbein in gestalt eines tigers

mit geöffnetem maul –
nur so wollen es alle besitzen, nur so

kann es schneiden!
er will nur, was ihm zusteht, der eine.

er ist schon acht jahre alt und
nur ein einziger mensch fehlt ihm noch

in seiner sammlung: der andere.
ohne ihn ergibt die sammlung keinen sinn.

die sammlung muss vollständig sein
die macht muss vollkommen sein.

VIII

niemand hat es ihm gesagt, aber er weiß es.
von anfang an. nichts wird sich ändern.

er fordert nur ein, was ihm zusteht.
er kann fühlen, was ihm zusteht.

es reißt ihn auseinander, wenn er nicht
schnappt, was ihm zusteht.

nichts wird sich ändern.
nichts.

schon fünfzehn monate auf see

schlafloser kinderzeh

folterkammer

eheverschrottung

jede nacht tosen späne

vitaminloses schaukeln

wackelnde zähne

zerschossene augenringe

untergang des heimischen reiches

ein königreich für eine stunde

bewusstlosigkeit

todessehnsucht letzter wille:

erschieß mich gleich hier

im treppenhaus

übergieß mich mit klarlack

kokon endlich stille!

nein, stille ist aus

ausverkauft in diesem bauch

hellwacher wal

schlängelnder aal

milchflaschenverminung

atomflaschenschlag!

und jeden morgen ein neues erstrahlen –

die sonne klappt auf
im atoll hinter stäben
folterwurms wundersam
erholtes gesichtchen
glucksendes beben
windelweiches windelvolles
herzstromerndes leben
lachender krachender sack.
koffeininfusionen
breiinterpretationen
entschuldigungsorgien
eheverkittung 7-uhriges glück!
stabil bis zum mittag
wie chinesische mauer
danach implosionen
mittvierziger körper
im koma am schreibtisch
nur scheißdreck geschrieben
jetzt scheißdreck gelaunt.

jetzt krieg dich mal ein
vergiss mal den schrein
lass den titel nur stehn
der rest kann verwehn
mach heute mal blau!
du meinst .. ?
ja, genau.

6

wörter **verwüstung**
vernichtungsgrammatik: zwei
kinder im schlepptau.

flöten gegangen
niederländisch: uriniern
harn lassen, liebe.

goldene ringe
verlorn im bauch der wale
„übermüd" und „groll".

unbeherrschbare
abläufe: anhäufung glück →
kipppunkt → verwüstung

immer wieder: an-
häufung glück → kipppunkt → verwüst-
ung → diplomatie

vor den weltkriegen
dem westfälischen frieden
dem asteroid.

7

dritter sonntag nach epiphanias
die anwärter der zweiten klassen
zum ersten mal stehen sie
hoch oben auf der empore
vor der mächtigen orgel
zum ersten mal singen sie
zum ersten mal atmen sie
zusammen mit ihren idolen
bachs grabplatte im blick.
auch der kantor singt mit
in der hintersten reihe.
sein assistent hält alle fäden
im mund: einsingen punkt
8 uhr 40, gottesdienst punkt
9 uhr 30. 77 einheimische
33 touristen. *nun danket gott,*
erhebt und preiset /
ehr sei dem vater / kyrie
und gloria. drei anwärter
beginnen sich zu schubsen
zwei gesangslehrerinnen
am äußersten rand der empore
mit hektischen flecken am hals
ohne eingreifen zu können ..
die maschine läuft weiter.
einer der anwärter (blond,
schulterlanges haar

167

VIII

das ihm immer wieder
ins gesicht fällt, die hand
ein scheibenwischer)
kann den blick nicht lösen

von den echten thomanern
nur einen kirschkernspuck
von ihm entfernt, kann es
noch immer nicht fassen
lauscht ihrem gesang
mehr als er selbst singt
als hätte er das singen vergessen
der kleinste engel beim anblick
all dieser größeren engel ..
beginnt zu schwanken, ein bisschen
hoch oben auf der empore
vor der mächtigen orgel.
dann lesung des evangeliums
matthäus 8: 5–13, die anwärter
sitzen auf roten stühlen
die schubserei hört auf.
fünf minuten pause.
die einen popeln, die anderen
zupfen an sich herum, der blonde:
die hand ein scheibenwischer ..
wieder aufstehen: bach!
ich hatte viel bekümmernis.
die anwärter jetzt mit weit
aufgerissenen mündern
wie hungrige spatzen

vor der mächtigen orgel
gefüttert vom kantor:
sei nun wieder zufrieden,
meine seele, denn der herr tut dir guts.
alle glühend im sopran
die bäckchen rot wie sachsenobst
nur der eine, der mit dem
wischer, wird blasser
lauscht schwankend tenören:
was helfen uns die schweren
sorgen, was hilft uns unser
weh und ach? was hilft es,
dass wir alle morgen
beseufzen unser ungemach?
wir machen unser kreuz
und leid nur größer durch die
traurigkeit. – erneute fütterung
die backen jetzt noch röter
noch reifer: *denk nicht in deiner*
drangsalshitze, dass du
von gott verlassen seist,
und dass ihm der im schoße
sitze, der sich mit stetem
glücke speist, die folgend zeit
verändert viel und setzet
jeglichem sein ziel ..
schon vier minuten:
die backen wie bratäpfel
nur der eine, der mit dem wischer

ist weiß wie die wand
wie die säulen und schwankt
fällt um mit singendem mund
denk nicht in deiner drangsalshitze,

dass du von gott verlassen seist
fällt nach hinten zum stuhl
wird gehalten vom dunkelroten
stuhl. die schultern hängend
das kinn an der brust.
sitzt da wie im schlaf.
die wischer abgestellt.
stille im kopf.
die maschine läuft weiter.
die gesangslehrerinnen
am äußersten rand der empore
flattern heran und halten es fest
das aufwachende, wimmernde
kalkweiße kind.
die folgend zeit verändert viel
und setzet jeglichem sein ziel.
ende der spatzenfütterung
die gemeinde erhebt sich.
ein schlaksiger vater
stürzt über die bühne
drückt es an sich, das kind
reißt es hoch, schleppt es weg
wie unter die erde ..
abtritt des chores:
strömt in die kabine

befreit von der predigt
starrt auf vater und kind
noch immer weiß wie der kalk
zwischen den dunkleren haken
in der engen kabine
tief unter der orgel ..
wasser! wer hat wasser?
das kind braucht wasser!
hat kaum was gegessen
kaum was getrunken am morgen.
von allen seiten wachsen
flaschen heran, limonaden.
die beine nach oben.
der kleine anwärter lächelt
um ihn herum uniformen
kieler blusen und witze
unbändige freude
auf die reste vom sonntag.
der kleine anwärter schließt
noch einmal die augen
verwischt seinen vater
im schacht seiner augen
sein besorgtes gesicht
unter der mächtigen orgel
sieht plötzlich einen brunnen
einen winzigen brunnen
im mund einer taube
bis zum rand voll mit glanz
bis zum rand voll mit licht.

das weinende kind

klein muss es sein, sehr klein
nicht zu orten: das übernächste
oder überübernächste haus
alle fenster verdunkelt, verschlossen.
dazwischen die stimme:
schreiend, keifend
das kind soll die schnauze halten
das kind soll die fresse halten.
das jammert und weint. bettelt.
da ist kein erbarmen. nichts.
irgendwann stille. immer am abend.
dann liege ich wach
in diesem dreckloch von welt
und reibe mein herz. alles sticht
von innen und außen. ich kann dieses
haus nicht finden, ich kann
dieses haus nicht finden
ich kann dieses haus
nicht finden
dieses höllische haus –

notaufnahme das herz.
vielleicht ist es das herz.
das herz in der mutter
deiner kinder das herz
das sich versteckt hält
seit monaten das herz
das du nicht mehr zu
kennen glaubst, vielleicht
ist es weg das herz
ausgezogen schon vor
jahren, hast du gedacht
doch jetzt ist es da
da wo es immer war:
mittendrin, in der mitte
der mutter deiner kinder
und schmerzt und drückt
und zieht bis in den arm
den linken arm der dir
angst macht: atemnot
vor den augen der kinder
am sonntag vorm frühstück
notaufnahme das herz
vielleicht ist es das herz
das nun flimmert und streikt
all deine unausgesprochenen
doch immer gefunkten

173

VIII

übertragenen gedanken
es wär nicht mehr da
da wo es immer war: auszug verrat
nur ein loch hinterlassend

im farblosen brustfell.

jetzt kannst du es sehen
das herz in der mutter
deiner kinder wie es schlägt
und das meer nachahmt
schäumend und leuchtend
alles in den schatten stellt
in diesem raum
der zu weiß ist, zu glatt
und nach tod riecht
verschollenen menschen.
eine übermütige
hüpfende silberne linie
und etwas später eine
zierliche wolke im
dunkelblauen papier
eines flüsternden apparates
der nach heu duftet
und die kinder beruhigt
und auch dich beruhigt
eure tränen trocknet
wie ein gütiger föhn.

es klopft und klopft das herz
in der mutter deiner kinder
klopft den schmerz ab
in der notaufnahme wie staub
bekommt bestnoten:
jeder schreck ist erlaubt
schon nach wenigen stunden
kann es wieder nach haus
das herz in der mutter
deiner kinder: ein unversehrt
glänzendes raumschiff
das frühstücken will
endlich frühstücken will
bei abnehmendem licht.

VIII

10

1 uhr 10
   2 uhr 20
      3 uhr 30
         4 uhr 40
            5 uhr 50
rufst du nach mir
willst atemgeräusche neben dir
meine hand
zwischen den stäben
meine hand
an deinem köpfchen
deinen löckchen
im nacken
bist das chefchen
im windel office
alles klar
bin schon da
verbreitest angst
in den fluren
verteilst augenringe
am morgen
bist ein knallharter hund.
lieg jetzt da
wie dein diener
eingerollt und geduckt
atme lauter für dich
kannst es hören und zuckst

mit der hand
zwischen stäben
ballst dein fäustchen im traum
kurzer kampf
um ein stofftier
mit colin dem hünen
ein troll aus der kita
ein riese mit glatze
und scheinbar gewinnst du
mit kleinerer tatze
diesmal den rückkampf
und gackerst dein seligstes
kehligstes gackern
und drückst mir dein glück
in die mitte vom kopf
dass ich schwitze
und schwitze
alles aus wie am stück
wie ein see ringsumher
in der schwärze des wassers
ein fluoreszierendes riff.

VIII

CAPUT IX

sprechblasen im paradiesstall

1 (EDENKOBEN, KLOSTERSTRASSE 181)

der ruf seiner schwäche
eilt ihm voraus. in diesem haus

wird er gestützt wie ein rebstock.
ein bett, ein bettgroßer tisch

für seinen kopf steht bereit.
vorm fenster ein heer von gleichgesinnten

botanischen krüppeln.
fackeln stehen bereit für die fröste

um die zeilen zu schützen, die gebilde. $\overline{\text{IX}}$
in diesem haus werden sie poliert

die reichsinsignien
eines zerfaserten königs.

unerwarteter glanz. gelassenheit.

2

2012 TC4 rast groß wie ein haus
44.000 km an eden vorbei

dieser welt. verschont diese welt
die oktober sagt, 2017 zählt.

alle menschen atmen auf
in einem gerüst aus liebe

und krieg. alle rebstöcke
und flüsse, alle straßen und häuser

sind nicht interessiert.

3

rückkehr nach eden im november im weinberg
ein teppich von fliegen im zimmer

ein raschelndes zimmer entkräftet vertrocknet
ein tastender mensch kehrt die toten zusammen

auf die schaufel, verzinkt. wirft den friedhof hinaus
aus dem fenster, verschnauft. setzt sich hin

auf den schreibtisch. fährt den sprachrüssel aus
und verstummt.

IX

4

hungrige tänze

eine strömung von staren

in der eisluft
mein herz

eine kugel
voller fruchtsaft

die zittert:
panik

paradies.

5 (ESSINGEN)

als a punkt h punkt schwert und freiheit gab dem deutschen volk,
goß uns der meister pfeifer kaiserslautern

nun hänge ich entlarvt und still im alten turm
der keine treppen hat und harre der gerichte.

so viele jahre unter menschen: von hand gezogen
war ich längst gezähmt, fast selber mensch

der diesem dorfe diente. gott und seinen vielen toten
läutete ich ehre tag und nacht, vergaß mich selbst.

nun wird er kommen: ein sachverständiger, mein henker
der mich ins feuer wirft der menschenworte wegen

die zur geburt mir jemand ritzte in die haut.   **IX**
doch hört: ich bin nicht das, was eure worte sagen

bin euer klang. bin einzig klang!

6

aus den reben gekrochen
die angst vor der haut

der eigenen haut
abgezogen im keller

ein riss im gewebe
ein plötzliches zittern

angelehnt an das holz
an die silbernen drähte

alle trauben und köpfe
abgeschnitten zerstampft

abgefüllt und vergeistert
in flaschen und erde

abgestellt in regalen
in milliarden regalen

in einem einzigen keller
abgeschlossen gekühlt

archiviert und vergessen.

7 (DOM)

seit eintausend jahren romanischer frachter
antonow versteinert in der luft über speyer

voller toter kaiserlicher: piloten/stewardessen
noch immer blutend aus den wänden

mit oxidierten verbänden. du kannst dich hochziehn
von der erde in das schiff (mehr raumschiff

als aeroplan) um still zu hängen in der landschaft
überm fluss. fließt mit in diesem urstein

wie in kapillaren. als ob du zelle bist: erythrozyt.
vergiss den firlefanz gleich gegenüber:

ein rostender jumbo im museumskostüm.   IX

8

hoch über hambach das schloss
die alte anarchistenruine

zu hell im stein, zu glatt
nur noch bei nacht elektrisierend

der blick, der durch weinberge
schleift, trunken vor zucker

hängen die birnen so tief
so fett in das land

alle reiche ringsum
schauen nach eden

hungernd und darbend
beginnen zu laufen

tausendfüßige füße
tausendäugige augen

tausendmündige münder
rufend ertrinkend:

hinauf zum schloss
zum schloss!

krampfendes holz
kolonnen

eine geriatrische abteilung
voller stützstrümpfe und stehhilfen

die schätze ausstülpt:
reichsäpfel, aneurysmen.

pulsierendes gold
goldfarbenes blut, zerplatzend.

nähere dich wanderer
den alten und satten

gefährlichen männern im weinberg
ihren verlorenen schlachten

ihren vergeudeten wachen ..
alle reiche verwehen

jedes herrschen ein irrwisch.

IX

ballade vom king of kallstadt

friedrich t. (später „frederick") – wirtschaftsflüchtling, wehrdienstflüchtling, *brulljesmacher* aus kallstadt/pfalz, ehrgeiziger friseur – betritt new york, great america, achtzehnfünfundachtzig, schneidet haare, schiebt frust, reist dem gold nach bis yukon, klondike river, versorgt goldgräber mit steaks und schnaps, minderjährigen huren, hortet nuggets, um sich zu vermählen in good old wilhelms germany/ludwigshafen mit einem kallstädter mädel. dann zurück in der bronx hat donalds großmutter heimweh, dann zurück in der pfalz kennt der kaiser kein erbarmen: wer sich einmal verpisst hat, hat sich für immer verpisst! 1905, zurück in new york: frederick junior („fred"), geschwänzelt aus friedrichs vergoldeten, pfälzischen hoden, wächst im kallstädter bauch, betritt great america, plappert deutsch. daddy kauft häuser (jamaica avenue, queens) und fällt um, 1918, spanische grippe, hinterlässt 30.000 (heute 500.000) leberknödel. fred macht mitose, schnellt hoch, verlernt deutsch und baut häuser, verkauft häuser, bevor sie gebaut sind, baut häuser, verkauft sie, bevor sie gebaut sind, baut häuser: 27.000 (brooklyn, t-city, t-village, norfolk/virginia), vermählt sich mit einem schottischen mädel, fischerstochter, im stillen. die scheiße nimmt anlauf, düst los und springt ab – 1946: little mcdonald, geschwänzelt aus freds verbauten, immobilisierten, goldtriefenden hoden, klumpt zusammen im schottischen bauch, betritt great america, lernt niemals deutsch. daddy versteckt es, das pfälzische ur-gen/saumagen-gen, erfindet schwedische wurzeln, überlegenheitswürste, und stirbt: hinterlässt 300 millionen leberknödel. aber vorher baut donald mit daddys lebendigen knödeln, macht mitose, schnellt hoch, stürmt rein nach manhattan: commodore hotel/grand hyatt, 40 jahre grundsteuererlass, 60 millionen dollar verluste in 10 jahren für new york city (schulen/krankenhäuser/museen gammeln weiter), donalds zähne wie gletscher, donalds haare wie gold, donald the t-rex: gebärt seinen eigenen tower (t-tower) mit mall für die geilsten reichsten: taxitrillerpfeifen aus gold, katzennäpfe aus gold, hundeketten aus gold, blumen aus gold, scheißhaufen aus gold und donald scheißt weiter: immerzu gold, atlantic city (t-plaza,

IX

t-castle), golfplätze aus gold, frauen aus gold, kinder aus gold ..

donald vermehrt sich mit seinen winzigen, urpfälzischen, orangefarbenen
hoden, pumpt was er kann in osteuropäische models, c-promi, b-promi,
a-promi, sein mund geht zurück, wird klein, immer kleiner, auch das herz,
auch das hirn, wahrscheinlich die tollwut (rabies), in manhattan gebissen
in den fleischigen schluchten: enzephalitis/myelitis *make america great
again, make me greater again, meine ivanka ist geil, geile schnitte, alle
muslimischen pfälzer verpisst euch!* donald wird chefchen, republikanischer
goofy im white house ohne mickey – the king of kallstadt is speaking:
alles soll greater werden und nicht mehr so unfair, die symptome
überschlagen sich: angst und verwirrtheit, halluzinationen und schlaflosigkeit,
rachenlähmung: die unfähigkeit menschlich zu sprechen, der speichel,
der geifer, der nicht mehr abgeschluckt werden kann, die verdünnung
des virus nicht möglich, die virulenz noch erhöht, bis zum mauerbau, bis zum
grellsten orange, bis zum atomaren leberknödelkrieg! geringste umweltreize:
ein luftzug im oval office, ein furz in pjöngjang, ein taschenlampenstrahl
in teheran lösen anfälle aus: wutschreien, wutschlagen, wutbeißen,

das virus überträgt sich, wird international, aber im november 2018 passiert es: anneliese m. erfindet sich neu und erlöst den planeten.

die immer geduldige, immer friedliebende, humanistische, protestantische ex-kanzlerin der bundespfälzischen republik ersticht little mcdonald mit einem verrosteten kugelschreiber auf der wichtigsten/greatesten saumagenmesse der welt in kallstadt/pfalz und schlägt den friedensnobelpreis in den wind, den sie 200%ig bekommen hätte .. vielleicht doch noch bekommt (anneliese, ich drück dir die daumen). little mcdonald, der immer orangefarbener und antipfälzischer wurde, jetzt begraben unter pfälzern. seine letzten worte schon legende: *danke anneliese, my angel, du hast mich erlöst, ich kann wieder schlucken .. ich liebe euch alle, ihr seid greater als ich .. aber bitte nimm meine hoden, my angel, und stopfe sie aus in the museum in kallstadt .. i'm the king of kallstadt .. and please greet my wife, my geile ivanka .. überall würste .. ich seh überall würste .. ganz feine leute sind das ..*

CAPUT X

pferd im schnee

(elbufer bei loschwitz)

ob es ein pferd war, weiß ich nicht
nicht ganz genau, denn überall, ringsum
fielen flocken schräg herab
vom wind gelenkt, so dicht
dass ich nur zwischen tausend
tausend lücken dachte: das ist ein pferd
im schnee, mit einer decke
überm rücken, was mir gefiel
weil es wie sorge aussah
fast wie liebe, unter diesem baum
der überreich an ästen
schon schwer beschneit war
auch das pferd, wenn es eins war
und nicht ein streifen dunkle wiese
war voller schnee: schnee auf dem kopf
dem hals, und auch die decke
überm rücken, wenn überhaupt
war schon fast weiß. doch ob es
pferdebeine gab? und einen schweif?
und ohrn in diesem schneegestöber?
ich weiß es nicht, ich weiß
nur noch, dass ich nicht innehielt
in der bewegung, nur immer weiterlief
so wie die flocken weitertrieben
und dass ich fiel und sank
wie sie, und dann versunken war
mit ihnen
vielleicht auf diesem pferderücken –

193

$\overline{x}$

der tag, an dem ich keine gedichte mehr schreibe
wird ein glücklicher tag sein, von morgens bis abends
in mut getaucht, in ein meer voller zellen
die nicht schwanken.

der tag, an dem ich keine gedichte mehr schreibe
wird ein tag ohne krücken sein. ich stehe auf
und beginne zu laufen: laufe und laufe
lass die stadt hinter mir, tauche ein in ein rapsfeld.

darin ein tisch, reich gedeckt, an den ich mich setze
erinnernd: all meine geglückten geburtstage
all meine geglückten geburtstage als kind
als ich noch keine gedichte schrieb.

ringsum, gelb gepudert, meine vertrautesten menschen
jetzt nahezu fröhlich: weil ich keine gedichte mehr
schreibe, keine gedichte mehr schreiben muss
nicht mehr auseinanderzufallen drohe ohne gedichte.

es ist geschafft! nun iss und lebe, lebe und iss
wir sterben heut nicht! ich nicke: nicke und nicke
beginne zu schlingen mit all meinen fingern
beginne zu schmieren mit all meinen fingern

auf alle servietten:

der tag, an dem ich keine gedichte mehr schreibe
der tag, an dem ich keine krücken mehr brauche
der tag, an dem ich keinen atem mehr brauche
der tag, an dem ich keine rettung mehr brauche

ist kein tag   ist kein tag   ist kein tag!

$\overline{\text{x}}$

wird immer schwerer in die luft zu schreiben
wird immer schwerer auf ein meer zu treiben
dem es so leicht fällt jeden mut zu entern
dem es so leicht fällt dich an allen rändern

auszufransen, die fäden auszuschwemmen.
du willst getragen sein von menschenlippen
du willst getragen sein von menschenschiffen
du willst geflüstert sein nah den gehängten

die noch immer blinzeln, kurz vorm himmel.
wird immer schwerer auf ein meer zu treiben
doch ruderst los: zwei ruder wortgewimmel.

willst trösten, um dich selbst zu schleifen
wie diamant. so glatt. dass auch der tod verrutscht.
wird immer schwerer. seelenputsch.

$\overline{x}$

CAPUT I

CAPUT II

CAPUT III

CAPUT IV

CAPUT V

CAPUT VI

CAPUT VII

CAPUT VIII

CAPUT IX

CAPUT X

ANMERKUNGEN

Homo Canis (frei übersetzt mit: Hundemensch).

triptychon wurde anlässlich eines deutsch-deutschen Lyrikabends zum 30. Jahrestag der Montagsdemonstrationen geschrieben, der am 04.09.2019 im Literaturhaus Berlin stattfand. Erstveröffentchung in: *Wir sind ein Volk?! Deutsch-deutsche Lyrik zum 30. Jahrestag der Montagsdemonstrationen.* Texte aus dem Literaturhaus Berlin, Janika Gelinek/ Sonja Longolius (Hrsg.), KLAK Verlag, Berlin 2019.

familienrakete und **dora mittelbau** finden sich in einer früheren Fassung im Gedichtband *stadt/land/stopp* (Mitteldeutscher Verlag, 2006).

Dora Mittelbau. Nach der Bombardierung der Heeresversuchsanstalt Peenemünde durch die Royal Air Force in der Nacht vom 17. zum 18. August 1943 trafen Adolf Hitler, Rüstungsminister Albert Speer und Reichsführer SS Heinrich Himmler die Entscheidung, die Arbeiten an der V2-Rakete sowie der V1-Flugbombe von Peenemünde unter Tage zu verlagern. Als Standort des Raketen-Fertigungswerks wählte man die Stollenanlage im Kohnstein nördlich von Nordhausen. Um genügend Arbeitskräfte zu haben, wurde am 28. August 1943 am Fuße des Kohnsteins ein Außenlager des Konzentrationslagers Buchenwald mit der Tarnbezeichnung Arbeitslager „Dora" eingerichtet. Die Häftlinge arbeiteten unter katastrophalen Bedingungen im Stollenvortrieb und den untertage gelegenen Werksanlagen der sogenannten Mittelwerk GmbH. Am 28. Oktober 1944 wurde das Außenlager „Dora" zum eigenständigen Konzentrationslager „Mittelbau" erklärt, dem im Laufe der Zeit fast

40 Nebenlager unterstellt wurden. Während der 18 Monate, die der Komplex des „KZ Mittelbau" existierte, durchliefen ihn etwa 60.000 Häftlinge aus 48 Nationen. 20.000 von ihnen starben aufgrund der schlechten Arbeits- und Lebensbedingungen. Am 11. April 1945 wurde das Lager „Dora" durch die US-Armee befreit.

Homo sapiens: „Vor 100.000 Jahren war Homo sapiens noch ein unbedeutendes Tier, das unauffällig in einem abgelegenen Winkel des afrikanischen Kontinents lebte. Unsere Vorfahren teilten sich den Planeten mit mindestens fünf weiteren menschlichen Spezies." Zum Beispiel mit Homo soloensis (vor ca. 50.000 Jahren verschwunden), Denisova-Mensch (vor ca. 40.000 Jahren verschwunden), Homo neanderthalensis (vor ca. 30.000 Jahren verschwunden), Homo floresiensis (vor ca. 12.000 Jahren verschwunden), Homo naledi und Homo heidelbergensis. „Vor ca. 70.000 Jahren vollzog sich ein mysteriöser und rascher Wandel mit dem Homo sapiens, und es war vor allem die Beschaffenheit seines Gehirns, seine Sprache und seine einzigartige Fähigkeit zur Kooperation, die ihn zum Beherrscher des Planeten werden ließ" und damit wahrscheinlich auch zum Vernichter seiner Brüder und Schwestern der anderen Menschenarten. (Zitate aus: *Eine kurze Geschichte der Menschheit* von Yuval Noah Harari.)

give peace a chance. Erstveröffentlichung in Walter Pobaschnigs Literaturblog *Literatur outdoors*.

Leipziger Eisenbahnstraße. Hartnäckig hält sich der Ruf als „gefährlichste Straße Deutschlands", den das Magazin *taff* (Pro Sieben) mit einer mehrteiligen Reportage 2013 kreierte. Ein großes mediales Echo über Drogenhandel, Fehden zwischen verfeindeten Familienclans und

Bandenkriminalität haben das Image der früheren Einkaufsmeile im Leipziger Osten ruiniert und das gesamte Viertel in Verruf gebracht. Am 5. November 2018 wurde die erste Waffenverbotszone im Freistaat Sachsen in einem rund siebzig Fußballfelder großen Areal um die Eisenbahnstraße eingerichtet. Gleichzeitig zieht die Gegend vermehrt junge Leute, Student*innen und Künstler*innen an, die sich mehr um steigende Mieten als um Kriminalitätsstatistiken sorgen.

komm in den angstverstopften kiez und **komm in den hassgefüllten mann** nach Stefan George *(komm in den totgesagten park)*

eine krone, zwei kronen, drei kronen, vier kronen ... (Lied aus der Serie Kalifat, Staffel 1)

Ich hatte viel Bekümmernis (BWV 21, Kirchenkantate von Johann Sebastian Bach)

Edenkoben (frei übersetzt mit: Paradiesstall) ist eine Stadt im Landkreis Südliche Weinstraße in Rheinland-Pfalz. Der Zyklus *sprechblasen im paradiesstall* entstand 2017 im Künstlerhaus Edenkoben.

Hambacher Schloss. Am 27. Mai 1832 kamen bis zu 30.000 Menschen auf dem Hambacher Schlossberg zusammen, um für ein geeintes Deutschland, politische Grundrechte und ein solidarisch verbundenes Europa einzutreten.

Brulljesmacher lautet der Spitzname für Kallstädter im näheren Umkreis, auf Hochdeutsch: die Angeber. Donald Trumps Familie kommt aus dem Dorf der Angeber.

ZITATE

Brian Massumi ist ein kanadischer Philosoph und Gesellschaftstheoretiker. (Zitat aus: Carl Hegemann (Hrsg.), Glück ohne Ende, Kapitalismus und Depression II, Alexander Verlag Berlin, 2000)

Yuval Noah Harari ist ein israelischer Historiker mit dem Schwerpunkt Universalgeschichte. (Zitat aus: Eine kurze Geschichte der Menschheit, Pantheon-Verlag, 35. Auflage, 2013)

Kurt Cobain (Zitat aus: Tagebücher, Verlag Kiepenheuer & Witsch, 4. Auflage 2002)

Dankeschön

Nine, Jascha, Mio, Jo, Nele, Andrea, André!

Die Entstehung dieses Werks wurde durch ein Stipendium der Kulturstiftung des Freistaates Sachsen unterstützt.